AF565142

EUROPAVERLAG

Willy Brandt

Krieg in Norwegen

9. April – 9. Juni 1940

EUROPAVERLAG

Inhalt

König Haakon VII. von Norwegen, der durch seinen mutigen Einsatz während des Krieges zum Volkshelden Norwegens geworden ist. Noch mehr als im Kriege, wenn König Haakon ohne Rücksicht auf seine persönliche Sicherheit in den größten Gefahren bei der Truppe blieb, wurde der König in der Folgezeit als der Volksführer der Norweger angesehen. Er ist zum lebenden Symbol des Widerstandgeistes und des Freiheitswillen des Volkes geworden.

Vorwort zu dieser Ausgabe

Das vorliegende Buch von Willy Brandt erschien 1942 im deutschen Original im Europa Verlag Zürich. Ursprünglich erschien das Buch in schwedischer Sprache, da Brandt es in seinem schwedischen Exil in Stockholm verfasste und dort zuerst publizierte. Brandt war inzwischen offiziell Norweger, da er von der norwegischen Exilregierung die Staatsbürgerschaft erhalten hatte, nachdem er nach der Besetzung durch die Nationalsozialisten aus seinem Exil in Norwegen fliehen musste.
Der spätere deutsche Bundeskanzler und Friedensnobelpreisträger beschreibt in dem Buch erstaunlich nüchtern und objektiv die Okkupation Norwegens durch die deutsche Wehrmacht. »Krieg in Norwegen« gibt vor allem einen Bericht über die Kriegshandlungen in den verschiedenen Gegenden des Landes. Brandts Buch ist von den nazikritischen Zeitgenossen dankbar aufgenommen worden. Es ist keine militärische Abhandlung, es berücksichtigt vielmehr genau das, was der Laie zum richtigen Verständnis der inneren Zusammenhänge und der äußeren Ereignisse braucht. Der Verleger des Europa Verlags, Emil Oprecht, ist von Seiten des Dritten Reiches heftigst für die

Veröffentlichung dieses Buches kritisiert worden. Was letztlich bleibt, ist ein spannendes historisches Dokument, welches der Biographie Willy Brandts einen fast vergessen Teil hinzufügt.

Lars Schultze-Kossack

Vorwort zur schwedischen Auflage

Dieses Buch möchte eine zusammenhängende Übersicht über die militärischen Ereignisse in Norwegen geben – von der deutschen Okkupation am 9. April bis zur norwegischen Kapitulation am 9. Juni 1940. In Anbetracht der nach dem 9. Juni entstandenen Lage hat bis jetzt keiner der norwegischen militärischen Befehlshaber das Tatsachenmaterial über den gesamten Kriegsverlauf vorlegen können. Dies wird auch kaum möglich sein, solange der Krieg der Großmächte dauert. Diese Darstellung versucht, vom Verlauf der Geschehnisse ein möglichst objektives Bild zu geben; sie fußt sowohl auf norwegischen als auch auf deutschen und englischen Quellen.

Es sei jedoch darauf hingewiesen, dass mehrere wichtige Angaben nicht zugänglich gewesen sind.

Über die Rolle, welche der norwegische Krieg in diesem Weltkrieg gespielt hat, wird man sich erst später ein bestimmtes Urteil bilden können. Aber jetzt schon sind diejenigen Faktoren, welche den Sieg der deutschen Wehrmacht in Norwegen entschieden haben, deutlich erkennbar. Gleichfalls ist es jetzt schon möglich, den eigenen militärischen Einsatz Norwegens zu beurteilen. Der Zustand der norwegischen Landesverteidigung bei Kriegsausbruch hat viele glauben lassen, dem norwegischen Volk fehle die militärische Einsatzbereitschaft. Eine solche Auffassung ist unrichtig: die Ereignisse zwischen dem 9. April und dem 9. Juni – und vieles, was sich seitdem ereignet hat – beweisen größtenteils das Gegenteil.

W. Brandt

Der Blitzangriff am 9. April 1940

Der deutsche Plan, alle strategisch wichtigen Punkte in Norwegen am 9. April zu besetzen, gehört zu den kühnsten Kapiteln der neueren Kriegsgeschichte. Durch eine kombinierte Operation der Marine, der Landungstruppen und der Luftwaffe wurden außer Oslo die Küstenstädte Moß, Horten, Arendal, Kristiansand, Egersund, Stavanger, Bergen, Trondheim und Narvik am 9. April früh am Morgen oder im Laufe des Tages besetzt. Die Flugplätze in Südnorwegen, die meisten Mobilmachungsplätze und militärischen Depots fielen ebenfalls gleich in die Hände der deutschen Wehrmacht. Dadurch war nicht der ganze, aber auf jeden Fall der halbe Sieg gewonnen.

Man steht vor dem Problem: wie konnte dieser verwegene Plan gelingen? Vor allem deshalb, weil die deutsche Aktion gründlich und sorgfältig vorbereitet war. Bei der propagandistischen Behauptung, die deutsche Okkupation Norwegens sei eine Antwort auf die am 8. April erfolgte alliierte Minenauslegung in norwegischen Hoheitsgewässern gewesen, braucht man nicht zu verweilen. In der deutschen Darstellung der Ereignisse wird sonst vor allem hervorgehoben, dass die deutsche Wehrmacht zur Aktion schritt, um einer englischen Besetzung zuvorzukommen. Die Dokumente, welche zum Beweise eines solchen englischen Planes vorgelegt worden sind, stammen jedoch aus der Zeit des finnisch-russischen Krieges. Damals war tatsächlich die Rede davon, ein alliiertes Expeditionskorps über Narvik zu entsenden. Bis jetzt liegt hingegen kein Beweis vor, dass England eine Okkupation von norwegischem Territorium beabsichtigte. Wie einmal die Antwort auf diesen Fragenkomplex lautet, wenn alle Geheimakten zugänglich sind, – das wissen wir jetzt noch nicht.

Indes ist offenbar, dass die deutsche Aktion mehrere Monate im voraus vorbereitet worden ist. Der Ausdruck Blitzangriff will nicht sagen, dass die Zeit für die Vorbereitung der Operationen knapp bemessen wird. Im Gegenteil, gerade diese Form der Offensive verlangt Entwürfe und Vorbereitungen bis in die letzte Einzelheit, besonders wenn der Blitzangriff – wie in Norwegen – von den Basen weit entfernte Landungsoperationen vorsieht. Es braucht nicht nur eine eingehende Kenntnis der militärischen Ziele, sondern auch peinlich genaue Pläne für das Zusammenwirken der Seestreitkräfte, der Transportflotte, der Luftwaffe und derjenigen Teile der Landstreitkräfte, welche sich an den Operationen beteiligen sollen. Dazu kommt die technische Vorbereitung, welche allem nach in den Ostseehäfen mehrere Monate im voraus betrieben worden ist. Endlich muss auch in Betracht gezogen werden, dass zur Erreichung der anbefohlenen militärischen Ziele eine gewisse Zeit erforderlich ist. Zwischen den deutschen Verschiffungshäfen und Oslo, Stavanger, Bergen, Trondheim, Narvik liegen Entfernungen von 650, resp. 720, 890, 1390, 2000 km. Die österreichischen Gebirgsjäger, die für Narvik bestimmt waren, wurden am 6. April in Bremerhaven an Bord der deutschen Zerstörer gebracht. Am 5. April verließen fünfzehn bis zwanzig Truppen- und Transportschiffe Stettin.

Die deutschen Schiffe hatten vom Befehlshaber der deutschen Marine, Großadmiral Raeder, einen versiegelten Tagesbefehl erhalten, welcher nach dem Auslaufen aus den deutschen Häfen erbrochen werden sollte. Darin stand u. a.: »Die Erfahrung lehrt, dass Glück und Erfolg auf der Seite desjenigen stehen, der höchste Verantwortungsfreudigkeit mit Kühnheit, Zähigkeit und Geschicklichkeit verbindet. Überraschung und schnelles Handeln sind die Voraussetzung für das Gelingen der Operation. Ich erwarte, dass die Führer aller Gruppen und alle Kommandanten von dem unbeirrbaren Willen beherrscht sind, den ihnen befohlenen Zielhafen trotz aller auftretenden Schwierigkeiten zu erreichen, dass sie beim Einlaufen in die Ausschiffungshäfen mit größter Entschlossenheit auftreten und sich nicht durch Anhalte- und Abwehrmaßnahmen örtlicher Befehlshaber oder durch Wachfahrzeuge und Küstenbefestigungen von der Erreichung ihres Zieles abschrecken lassen. Alle Versuche, den Vormarsch der Streitkräfte aufzuhalten oder zu verhindern, sind abzuwehren. Widerstand ist nach Maßgabe der in den Operationsbefehlen erteilten Weisungen mit rücksichtsloser Entschlossenheit zu brechen.«

Wie sorgfältig das deutsche, Unternehmen vorbereitet worden war, ging auch aus einer Menge Anordnungen hervor, welche die Okkupationstruppen nach ihrem Eintreffen in Norwegen ins Werk setzten. Für eine genaue Vorbereitung spricht auch die Tatsache, dass in Oslo, Trondheim und

Narvik Lastdampfer lagen, die sich glücklich der Zollkontrolle entzogen hatten und an deren Bord sich deutsches Kriegsmaterial und deutsches Militär befanden bereit, am Morgen des 9. April an der Okkupation teilzunehmen. Auch in Tromsö lag ein solches Schiff, welches jedoch durch norwegische Schießübungen scheu gemacht wurde und am 7. April in See stach. Das Schiff wurde am 9. April als Prise genommen.

In deutschen Marinekreisen ist eine Okkupation Dänemarks und Norwegens seit Jahren erörtert worden. Vizeadmiral Wolfgang Wegener befürwortete eine solche in einer Schrift, die er bereits 1926 unter ältere Seeoffiziere austeilen ließ. Die Darstellung erschien 1929 in Buchform unter dem Titel »Die Seestrategie des Weltkrieges«. Lord Strabolgi hebt in »Narvik and after« hervor, dass dieses Buch auch in England bekannt war. Korvettenkapitän Stig Hison Ericson hat die Grundgedanken im Buche Wegeners in Svensk Tidskrift, Heft 7, 1940, wiedergegeben. Der deutsche Admiral kritisiert die defensive Strategie, welche die deutsche Flotte im letzten Weltkrieg einschlug. Die deutsche Flotte hätte sich zum Ziel setzen müssen, die Blockade zu brechen und den Handelskrieg gegen die Alliierten zu verschärfen. Um diese Aufgabe meistern zu können, wäre es notwendig, das von den deutschen Basen aus erreichbare Gebiet zu erweitern. Das geschlossene Tor zum Atlantischen Ozean müsste geöffnet und die Besetzung der atlantischen Häfen Norwegens vollzogen werden. Was die Nordsee vor hundert Jahren für Deutschland bedeutete, schrieb Admiral Wegener, das bedeutet jetzt für unser Land der Atlantische Ozean. Um leben zu können, muss Deutschland die Weltmeere ausnützen, und um die maritimen Verbindungen schützen zu können, sind strategische Positionen am Atlantik erforderlich.

Des weitern vertrat Wegener die Auffassung, es sei im letzten Weltkrieg ein großer Fehler gewesen, auf die Neutralität Dänemarks und Norwegens Rücksicht zu nehmen. Bei einem Kriege der Großmächte müssen neutrale Kleinstaaten damit einverstanden sein, dass ihr Territorium benützt wird, wenn dies zu einem beschleunigten Siege und zur Verkürzung des Krieges führen kann. Deutschland hätte sich die geographischen Voraussetzungen schaffen sollen, um England die Blockadewaffe zu entwinden und sie darauf gegen die britischen Inseln zu richten. Ein Vorschieben der Basen über Dänemark nach Norwegen hätte eine Verschärfung des U-Bootkrieges ermöglicht. Die deutsche Flotte hätte größere Bewegungsfreiheit erlangt. Weiter wären die Verbindungen der Westmächte mit Russland via Skandinavien unterbrochen worden. Endlich hätte eine energische Kriegsführung zur See hemmend auf Amerika eingewirkt.

Dies wurde also vor vierzehn Jahren niedergeschrieben und elf Jahre vor der Okkupation Norwegens veröffentlicht. Gleichwohl ist es nicht schwierig, zwischen der Situation, welche Admiral Wegener behandelte, und derjenigen, welche Deutschland vor der Aktion im April 1940 vorfand, Ähnlichkeiten aufzudecken. Die Blockade gegen Deutschland sollte gebrochen, U-Bootbasen – und Flugbasen! – gegen Großbritannien vorgeschoben, die Verbindung zwischen England und dem Norden zum Aufhören gebracht werden.

Dies von den Hintergründen zur deutschen Aktion. Um die Geschehnisse in Norwegen richtig beurteilen und bewerten zu können, muss man die Situation vor Augen haben, wie sie am 8. und 9. April vorlag. Man versteht dann, welche Rolle das Überrumpelungsmoment bei der Durchführung der deutschen Besetzung Norwegens gespielt hat.

Am Vormittage des 8. April wurde in einem Telegramm aus Kopenhagen berichtet, dass deutsche Seestreitkräfte von über hundert Kriegs- und Transportschiffen den Belt mit Richtung Norden passiert hätten. Zur Mittagszeit desselben Tages wurde der Hamburger Dampfer Rio de Janeiro durch ein britisches U-Boot außerhalb Lillesand versenkt. Das Schiff war mit Soldaten beladen und hatte auch Pferde an Bord. Eine Anzahl Soldaten retteten sich an Land. Diese zwei Nachrichten waren deutliche Anzeichen, dass Norwegen binnen kurzem in den Krieg der Großmächte hineingerissen werden könnte. Es darf angenommen werden, dass das norwegische Auswärtige Amt bereits einige Tage vor dem 8. April vor der bevorstehenden deutschen Aktion gewarnt worden ist.

Am 8. April entstand außerdem ein neues Problem: es wurde mitgeteilt, dass die Westmächte in den norwegischen Hoheitsgewässern Minenfelder gelegt hatten. Früh am Morgen war Außenminister Koht vom britischen und vom französischen Gesandten in Oslo aufgesucht worden; sie überreichten ihm eine Note mit dem Bescheid, dass außerhalb der Küste drei Minenfelder gelegt worden waren. Die Maßnahme der Alliierten wurde mit der rücksichtslosen Kriegsführung Deutschlands motiviert, welche nicht zuletzt die neutrale Schifffahrt getroffen habe. Außerdem erklärten die Westmächte, dass sie während des Krieges den Missbrauch der norwegischen Hoheitsgewässer durch

Deutschland nicht weiter dulden könnten. Diese Note war es, welche am 8. April die norwegischen Staatsgewalten am meisten beschäftigte; sie veranlasste gleich nachdrückliche norwegische Proteste.

Unterdessen waren die ersten deutschen Schiffe an ihren Bestimmungsort herangekommen. Unmittelbar vor Mitternacht wurden zwischen deutschen Kriegsschiffen und Bolaerne und Rauer, den Befestigungen im äußeren Oslofjorde, die ersten Schüsse gewechselt. Um Mitternacht erhielt die Regierung die Mitteilung, dass fremde Kriegsschiffe Färder im Oslofjorde passierten. Um zwei Uhr nachts traf in Oslo die Nachricht ein, dass fünf Kriegsschiffe an den äußeren Befestigungen Bergens vorbeifuhren. Um 3.30 Uhr wurden zwei deutsche Kriegsschiffe gemeldet, welche Agdenes im Trondheimfjorde passiert hatten. Zur gleichen Zeit hatten die in den Oslofjord eingedrungenen Schiffe – vier große Kriegsschiffe und eine Anzahl kleinerer – Filtvet erreicht. Gleich darauf begann der Kampf zwischen ihnen und der Festung Oscarsborg am Dröbaksund. Zwischen drei und vier Uhr kam es auch außerhalb Bergen zu Kämpfen.

Die militärische Aktion Deutschlands war also in vollem Gang, als der deutsche Gesandte in Oslo, Dr. Bräuer, um 4.30 Uhr am Dienstagmorgen Außenminister Koht aufsuchte. Dr. Bräuer führte ein Memorandum der deutschen Regierung mit sich, welches geltend machte, dass die Reichsregierung Dokumente in ihre Hände bekommen habe und dadurch den Beweis besitze, England und Frankreich hätten gemeinsam beschlossen, den Krieg auf das Gebiet der nordischen Staaten auszudehnen, u. a. durch die Besetzung Narviks und anderer Punkte in Norwegen. Die deutsche Regierung hielt sich zur Annahme berechtigt, dass die norwegische Regierung gegen solche Unternehmungen keinen Widerstand leisten würde. Aber hätte sie auch Gegenmaßnahmen treffen wollen, so wäre sie nicht stark genug, um sich einer englisch-französischen Aktion mit Erfolg zu widersetzen. Die deutsche Regierung glaubte nicht dulden zu dürfen, dass die Westmächte Skandinavien in einen Kriegsschauplatz gegen Deutschland verwandelten. Deshalb hatte sie militärische Operationen eingeleitet, welche in der Besetzung aller strategisch wichtigen Punkte in Norwegen resultieren sollten, wodurch die Reichsregierung den Schutz Norwegens übernahm. Des weitern wurde in dem deutschen Memorandum darauf hingewiesen, dass jeder Widerstand »von den deutschen Streitkräften mit allen Mitteln gebrochen werden« sollte und deshalb nur zu einem vollkommen nutzlosen Blutvergießen führen würde. Schließlich wurde festgestellt, dass Deutschland nicht beabsichtige, »jetzt oder in Zukunft die territoriale Integrität und die politische Unabhängigkeit des Königreiches Norwegen anzutasten«. Neben diesem Memorandum legte der deutsche Gesandte eine Liste mit denjenigen Maßnahmen vor, welche die norwegische Regierung, auf Begehren der Reichsregierung, unmittelbar treffen sollte. Die norwegische Regierung solle vor allem einen Aufruf an Volk und Heer erlassen, damit jeglicher Widerstand gegen die deutschen Okkupationstruppen vermieden würde. Die norwegische Armee solle mit den einrückenden deutschen Truppen in Verbindung treten und für eine loyale Zusammenarbeit die notwendigen Übereinkommen mit den deutschen Befehlshabern treffen. Auf allen militärischen Anlagen, denen sich die deutschen Truppen näherten, solle neben der Nationalflagge eine weiße Parlamentärflagge gehisst werden.

Ein gemeinsames Kommando solle gebildet werden und zur Aufgabe haben, eine reibungslose Zusammenarbeit zu sichern und Zusammenstöße zwischen deutschen und norwegischen Truppen zu verhindern. Die militärischen Einrichtungen und Anlagen, welche die deutschen Truppen benötigten, um Norwegen gegen einen äußeren Feind zu schützen, sollen in unbeschädigtem Zustande ausgeliefert werden usw.

Die norwegische Regierung, welche die ganze Nacht hindurch im Außenministerium versammelt gewesen war, stellte sich auf den Standpunkt, ein unabhängiges Land könne die deutschen Forderungen nicht annehmen. Der Außenminister unterrichtete den deutschen Gesandten davon.

Völkerrechtlich gesehen herrschte zwischen Deutschland und Norwegen noch kein Kriegszustand. Erst am 24. April traf die Mitteilung ein, das Deutsche Reich befinde sich mit Norwegen im Kriege. Dies veranlasste die norwegische Regierung, am 26. April eine Bekanntmachung zu erlassen, worin festgestellt wurde, dass sie seit der Nacht auf den 9. April vom Kriegszustande gewusst habe. Die Bekanntmachung des Kriegszustandes war für die Norweger keine Neuigkeit. Der Krieg sollte nicht enden, bevor Norwegen seine Freiheit wieder erlangt hätte.

Der erste Abschnitt in diesem Kriege, die Landungsoperation selbst und die Besetzung der strategisch wichtigen Punkte in Norwegen, wurden im Laufe des 9. April abgeschlossen. Vieles deutet darauf hin, dass die deutsche Reichsregierung glaubte, einem Ultimatum, hinter dem die deutsche Wehrmacht stand, würde die norwegische Regierung nachgeben. Diese Auffassung basierte jedoch auf falschen Informationen und auf einer falschen Beurteilung und Bewertung der norwegischen Neutralitätspolitik. Diese Politik hatte immer die Friedensbestrebungen mit dem Anspruche auf nationale Unabhängigkeit und Freiheit vereinigt.

Die Pläne der deutschen Wehrmacht berücksichtigten jedoch auch die Möglichkeit, dass Norwegen Widerstand leisten würde. Man war entschlossen, diesen Widerstand mit allen zur Verfügung stehenden Mitteln zu brechen. Den Widerstand nahm man zum ersten Male wahr, als man mit der norwegischen Küstenverteidigung in Fühlung trat. An manchen Orten, wie Narvik, Trondheim und Bergen, kam es zu keinerlei Kämpfen von Bedeutung. An anderen Stellen, so im Oslofjorde, wurde hartnäckiger Widerstand geboten, der. jedoch niedergerungen werden konnte. Der empfindlichste Verlust, den die Deutschen im Kampfe mit der norwegischen Küstenverteidigung erlitten, war die Versenkung des schweren Kreuzers Blücher von 10 000 t im inneren Oslofjorde. Auf diesem Schiffe befanden sich nicht nur Elitetruppen, sondern auch führende Militär- und Verwaltungspersonen. In Anbetracht der auf Oslo gerichteten, drohenden Kanonen des Kreuzers hatte man geglaubt, die noch in Oslo befindliche norwegische Regierung würde davon abstehen, den Widerstand zu organisieren. Die Versenkung der Blücher schenkte den norwegischen zentralen Behörden eine Frist von acht Stunden; in dieser Zeit konnten sie einige Vorbereitungen für den Widerstand treffen.

Sieht man von der Küstenverteidigung ab, so muss man sich vor Augen halten, dass der militärische Widerstand Norwegens erst mobilisiert oder, besser gesagt, improvisiert wurde, als sich die Deutschen bereits im Lande festgesetzt hatten. Wir beschäftigen uns hier nicht mit der Frage, wie wirksam die norwegische Landesverteidigung – trotz ihrer schwachen materiellen Unterlage – sich hätte erweisen können, wenn sie zum vollen Einsatz gekommen wäre. Tatsache ist, dass Norwegen vollständig überrumpelt wurde. Gewiss waren seit dem Kriegsausbruche im September 1939 die Marine und die Küstenverteidigung mobilisiert gewesen, aber nicht in vollem Umfang. Im Übrigen verfügte man nur über einige wenige Bataillone, welche die Neutralitätswacht versahen. Gerüchte, die Regierung habe von den bevorstehenden Ereignissen Mitteilungen erhalten, sind von seiten der Regierung entschieden dementiert worden. Die Tatsachen, die der norwegischen Regierung bekannt waren, veranlassten jedenfalls keine militärischen Maßnahmen. Auch wurde kein Mobilmachungsbefehl erlassen, als man am Montag dem 8. April die Nachricht erhielt, die deutsche Flotte befände sich auf der Fahrt nordwärts. Die Mobilmachung wurde in der Nacht auf den 9. April beschlossen und konnte erst beginnen, als die Deutschen bereits die meisten Mobilmachungsplätze in Südnorwegen in ihre Gewalt gebracht hatten. Die Legung von Minensperren im Oslofjorde wurde ebenfalls erst spät am Abend des 8. April anbefohlen. Es erwies sich als technisch nicht durchführbar, nachts Minen zu legen; dies hatte zur Folge, dass überhaupt keine gelegt wurden. Hingegen wurde der Befehl des kommandierenden Admirals, der Küste entlang alle Leuchttürme zu löschen, am späten Montagabend durchgeführt.

Dass die deutsche Aktion in geplantem Umfang durchgeführt werden konnte, beruhte vor allem auf dem Einsatz der deutschen Luftwaffe. Die norwegische Küstenverteidigung war schwach und veraltet; Fliegerabwehr gab es sozusagen überhaupt keine. Bei der Besetzung Norwegens besaßen die Deutschen nicht nur die Überlegenheit in der Luft – sie waren die unumschränkten Alleinherrscher. Flugplätze wie Fornebu und Sola wurden nach kurzem Kampfe von der Luft aus genommen. Transportflugzeuge konnten Reserven von Mannschaft und Material an diejenigen Punkte heranbringen, wo die Deutschen am isoliertesten oder durch große, während der Überfahrt erlittene Verluste geschwächt waren. Die Bombenflugzeuge konnten praktisch genommen ohne eigenes Risiko den letzten Widerstand der Küstenbefestigungen brechen und sich dann mit der Störung der norwegischen Mobilmachung beschäftigen. Oslo wurde am 9. April kaum bombardiert; einige Bomben wurden zwar abgeworfen, forderten jedoch keine Opfer an Menschenleben. Die Maschinengewehre ratterten über den Hausdächern, doch auch sie fügten befehlsgemäß niemandem ein Leid zu. Gleichwohl war die Wirkung der deutschen Bomber gewaltig groß; die Bevölkerung der Stadt fühlte sich in eine hoffnungslose Lage versetzt und zitterte vor dem Gespenst einer Bombardierung.

Die sorgfältigen deutschen Vorbereitungen für die Besetzung Norwegens, der überlegene Einsatz deutscher Streitkräfte von der See her und aus der Luft und die mangelhaften militärischen Vorbereitungen der Norweger waren für die Ereignisse des 9. April 1940 entscheidend. Aber damit ist über den mächtigen Gegner Deutschland noch nichts gesagt worden. Bevor die deutschen Seestreitkräfte mit den Landungstruppen die norwegischen Fjorde erreichten, mussten sie zwangsweise ein Meer passieren, auf dem sie mit einiger Sicherheit mit überlegenen britischen Marinestreitkräften zusammenstoßen konnten. Es war keineswegs ausgeschlossen, dass der englische Nachrichtendienst vor der deutschen Okkupation dies oder jenes in Erfahrung gebracht hatte. Und als das deutsche Expeditionskorps die schwache norwegische Küstenverteidigung forciert hatte, durfte man immer noch erwarten, dass die englische Flotte gegen die von den Deutschen besetzten, aber noch nicht befestigten Häfen eine Gegenaktion unternehmen würde. Erst als diese Gegenaktion ausblieb, konnte die deutsche Wehrmacht behaupten, die erste Schlacht gewonnen zu haben.

Nach der Lösung der ersten militärischen Aufgaben setzten sich die Deutschen ein politisches Ziel: durch Verhandlungen oder auf andere Weise sollte die Widerstandskraft der Norweger zunichte gemacht werden. Am Nachmittage des 9. April fuhr unter Leitung des deutschen Luftattachés in Oslo – eine Abteilung deutscher Soldaten in norwegischen Autobussen nach Hamar, wo sich das Storting versammelt hatte, nachdem seine Mitglieder zusammen mit dem König und der Regierung Oslo verlassen hatten. Südlich von Hamar stießen die Autos auf norwegische Streitkräfte, die jedoch ohne Widerstand entwaffnet wurden. Von Hamar aus rückte die deutsche Abteilung weiter gegen Elverum vor, weil der König, die Regierung und das

Storting sich dorthin geflüchtet hatten. Bei Midtskogen außerhalb Elverum stießen die Deutschen in der Nacht auf den 10. April auf den ersten ernsthaften Widerstand: norwegische Streitkräfte, bestehend aus Rekruten der Garde, Militärarbeitern und Freiwilligen, setzten sich hier zur Wehr. Die deutsche Abteilung, welche offenbar den König und die Mitglieder der Regierung gefangen nehmen sollte, erlitt Verluste und wurde zum Rückzuge gezwungen.

Am nächsten Tage, Mittwoch dem 10. April, kam es zu neuen Verhandlungen mit dem deutschen Gesandten, in Übereinstimmung mit einem am Dienstagnachmittag eingereichten Begehren. Der König, der Außenminister und ein vom Storting gewählter Ausschuss nahmen an diesen Verhandlungen teil, welche ergebnislos verliefen. Denn die deutschen Forderungen waren dieselben, welche die Regierung tags zuvor abgewiesen hatte. In einzelnen Punkten waren die Forderungen sogar verschärft worden. So sollte der König Major Vidkun Quisling zum Staatsminister ernennen. Nach Bekanntgabe des norwegischen Standpunktes unternahmen deutsche Bombenflugzeuge am nächsten Tage Angriffe auf Elverum und Nybergsund. König Haakon, der Kronprinz und die Regierung hielten sich zu diesem Zeitpunkt in Nybergsund auf. Die Absicht dieser Bombardemente, welche in Nybergsund die zentralen Quartiere dem Erdboden gleich machten und ungefähr fünfzig Menschen töteten, konnte nur sein, die Regierung über die Grenze nach Schweden zu treiben oder sie ihrer Handlungsfreiheit zu berauben. Als dieses Resultat nicht erreicht wurde, da wussten die Befehlshaber der deutschen Wehrmacht genau, dass sie in Norwegen einen Feldzug zu führen hatten.

Luftwaffe gegen Marine

Als man in London von der Landung der deutschen Truppen an der norwegischen Küste benachrichtigt wurde, da war man dort sehr geneigt, diese Landung als »Hitlers größten strategischen Fehler« zu charakterisieren. Gewiss fühlte man sich durch den neuen Handstreich des Gegners überrascht; aber man weigerte sich, die deutsche Besetzung Norwegens ernst zu nehmen. Hatten sich auch die deutschen Schiffe auf ihrer Fahrt nach Norwegen listig an der britischen Flotte vorbeigemacht, so lag es doch auf der Hand, dass sich die Deutschen in ein hoffnungsloses Unternehmen eingelassen hatten. Die überlegene britische Flotte würde in der allernächsten Zeit die Verbindung zwischen dem feindlichen Expeditionskorps und Deutschland entzweischneiden, was zum Zusammenbruch der deutschen Aktion führen musste, weil der Nachschub an Mannschaft und Material nicht aufrecht erhalten werden konnte. England beherrschte ja die Meere. Zur Zeit der deutschen Okkupation Norwegens wurden die englischen Seestreitkräfte in den Heimgewässern berechnet wie folgt: so Schlachtschiffe, 3–4 Flugzeugträger, ungefähr 30 Kreuzer und eine große Zahl Zerstörer. Dazu kam ein Teil der französischen Flotte. Gegen diese Streitkräfte konnte Deutschland einsetzen: 2 Schlachtkreuzer, 2 Panzerkreuzer, 8 Kreuzer und ungefähr 50 Zerstörer. Das Kräfteverhältnis war 1:5 zu Englands Vorteil. Deutschland hatte sich also auf einen Kampfplatz gewagt, wo ihm die Engländer eine vernichtende Niederlage zufügen konnten.

Sicher ist nicht, ob alle militärischen Befehlshaber in England die Lage so optimistisch beurteilten. Es herrscht jedoch kein Zweifel, dass die öffentliche Meinung durch Optimismus gekennzeichnet war und dass diese Stimmung durch Äußerungen von seiten der Regierung gefördert wurde.

»Die Admiralität war der Ansicht, dass sie durch die Maßnahme Hitlers strategisch und militärisch viel gewonnen hat«, erklärte beispielsweise der britische Marineminister ein paar Tage nach der deutschen Okkupation. Welches war denn der Grund, dass die optimistischen Erwartungen Londons so fürchterlich enttäuscht wurden?

Landungsoperationen sind geeignet, schnelle militärische Entscheidungen zu erzwingen; aber sie sind auch einem nicht zu übersehenden Risiko unterworfen. Deutschland nahm dieses Risiko auf sich. Früher war man der Auffassung, dass die Überlegenheit zur See – wenigstens innerhalb des in Frage kommenden Operationsgebietes – eine notwendige Voraussetzung für das Gelingen einer Landung sei. Der deutsche Vizeadmiral, Dr. h. c. Otto Groos, hat anfangs Juni 1940 in einigen Artikeln klar gezeigt, dass beim jetzigen Stande der militärischen Technik Landungsoperationen größere Anforderungen stellen, als dies früher der Fall war. Ein modernes Expeditionskorps ist mit allen

Waffen ausgerüstet – von den leichten Infanteriewaffen bis zu den Kampfwagen. Deshalb muss man jetzt mit einer drei- bis viermal größeren Tonnage rechnen als früher. Für eine verstärkte Divison sind ungefähr 240 000 t Tonnage oder 50 Schiffe von durchschnittlich 5000 t erforderlich. Nicht alle Schiffe sind für Transporte dieser Art geeignet. Für die Entladung des schweren Materials kommen eigentlich nur Häfen in Betracht, die über geeignete Kai- und Krananlagen sowie über Straßen- und Eisenbahnverbindungen landeinwärts verfügen. Schon diese Anforderungen gestalten eine Landungsoperation in der jetzigen Zeit schwieriger als früher. Aber dazu kommt außerdem die Schwierigkeit, dass die Truppen auf dem Seewege durch ein von Feinden bedrohtes Gebiet und an eine wirksam befestigte Küste transportiert werden müssen. Vizeadmiral Groos kommt zu der Schlussfolgerung, dass unter solchen Umständen eine kombinierte Operation nur dann durchgeführt werden kann, wenn man innerhalb des Operationsgebietes über genügende Seestreitkräfte verfügt und des weitern von Anfang an eine wesentliche Überlegenheit in der Luft besitzt.

Früher verstand man unter einer kombinierten Operation, dass Truppen der Landungsarmee auf dem Seewege an die feindliche – oder bis dahin neutrale – Küste herangebracht wurden. Heutzutage ist bei einer kombinierten Operation vor allem die Zusammenarbeit zwischen Marine, Landungstruppen und Luftwaffe wesentlich. Die Luftwaffe muss nicht nur den Schutz der Flotte übernehmen und die Küstenverteidigung niederkämpfen, sondern sie muss auch bei der Landung selbständig mitwirken. Ohne den überlegenen Einsatz der deutschen Luftwaffe wäre die deutsche Besetzung Norwegens kaum möglich gewesen.

In der Gesamtübersicht des deutschen Oberkommandos über den Krieg in Norwegen wird geltend gemacht, die Operationen in Norwegen hätten bewiesen, dass eine noch so starke Flotte im engeren Aktionsgebiet einer überlegenen feindlichen Luftwaffe auf die Dauer nicht operieren kann. Über dieselbe Frage äußert sich Vizeadmiral Groos: »Der Einfluss der Luftwaffe auf den Gesamtverlauf der Unternehmung kann nicht hoch genug eingeschätzt werden; es darf aber ebensowenig verkannt werden, dass ohne eine leistungsfähige Kriegsund Handelsmarine die Besetzung aller wichtigen norwegischen Küstenplätze in so kurzer Zeit überhaupt nicht möglich gewesen wäre, ebensowenig wie die Sicherung des Hauptnachschubes für die folgenden Heeresoperationen.«

Auf englischer Seite hat der damalige Marineminister Winston Churchill am 8. Mai 1940 in einer Rede im Unterhause festgestellt, dass vor allem die englische Unterlegenheit in der Luft die Flotte an der Durchführung größerer Aktionen gehindert hat. In einer Übersicht über den Krieg in Norwegen hat Generalmajor Sir Charles Gwynn gleichfalls darauf hingewiesen, dass die lokale deutsche Überlegenheit in der Luft ein nicht zu meisternder Faktor war. Lord Strabolgi kommt in seinem Buche »Narvik and after« im Großen und Ganzen zum gleichen Ergebnis. Er weist darauf hin, dass die drohenden Luftangriffe auf die englische Flotte zur Niederlage der Engländer in Norwegen geführt haben. Eigentlich ist Strabolgi derselben Ansicht wie der deutsche Vizeadmiral, nämlich der Ansicht, dass lokale

Operationen die Zusammenarbeit von Flotte und Luftwaffe voraussetzen. Hier gilt nicht ein Entweder-Oder, sondern gegenseitige Ergänzung dieser zwei Waffen. Was jedoch Operationen auf den großen Weltmeeren betrifft, so vertritt hier Strabolgi wie andere englische Fachleute die Ansicht, dass die Kriegsmarine entscheidend sei.

Der englische Brigadegeneral John Charteris hat vor allem das Nachrichtenwesen der Alliierten dafür verantwortlich gemacht, dass zweckmäßige Gegenmaßnahmen gegen die deutsche Unternehmung nicht rechtzeitig eingeleitet worden sind. Mit ihm haben sich viele gefragt, was der englische Secret Service eigentlich getan hat. Regierungskreise in London haben erklärt, die Nachricht sei eingelaufen, dass in den deutschen Ostseehäfen Transportschiffe und Landungstruppen konzentriert würden. »Seit mehreren Monaten haben wir Nachrichten erhalten, dass eine große Zahl deutscher Handelsschiffe als Transportschiffe ausgerüstet und eine Menge kleinerer Schiffe in den deutschen Ostseehäfen und in der Elbemündung konzentriert worden sind. Aber wir wussten nicht, gegen welches Land sie eingesetzt werden sollten«, äußerte Churchill am 11. April; er fügte hinzu, dass es sich um Schweden, Norwegen, Dänemark, Holland und Belgien habe handeln können. Jene Informationen stammen noch aus der Zeit des finnisch-russischen Krieges. Aber nach Beendigung dieses Krieges trafen neue Meldungen über die Konzentrierung deutscher Seestreitkräfte in der Ostsee ein. Einige Tage nach dem Friedensschlusse zwischen Finnland und Russland wurde auch eine Mitteilung veröffentlicht, ein deutscher Offizier habe einem schwedischen Offizier gegenüber geäußert, dass

Deutschland für ein Defensivbündnis zwischen Schweden und Finnland volles Verständnis habe – Norwegen werde jedoch als deutsche Interessensphäre betrachtet. Die Engländer haben offenbar dieser Mitteilung keine größere Beachtung geschenkt.

Hält man sich an die englischen Angaben, so wusste London nichts von den unmittelbaren Vorbereitungen für den norwegischen Feldzug und ebenfalls nichts von den Truppentransporten, welche vom 5. April an aus deutschen Häfen ausliefen. Hingegen berichten die Engländer, dass ihre Aufklärungsflugzeuge beim Überfliegen der Bucht von Helgoland am 7. April einen Teil der deutschen Flotte – einen Schlachtkreuzer sowie eine Anzahl Kreuzer und Zerstörer – auf Fahrt nach Norden beobachtet hätten. Aber in London kam man allem nach noch immer nicht auf die Idee, dass die Deutschen ein derartiges Wagestück wie die Besetzung Norwegens vorhatten. Zwischen den Mitteilungen, welche die englische Regierung am Sonntag dem 7. April erhielt, und den Minenfeldern, welche am nächsten Tage vor der norwegischen Küste gelegt wurden, besteht wahrscheinlich kein Zusammenhang. Manche haben bezweifelt, dass diese Minenfelder tatsächlich gelegt worden sind. Die deutschen Schiffe haben nämlich in jenen Gebieten keinen größeren Schaden gelitten. Die Erklärung dazu dürfte sein, dass in dem großen Gebiete relativ wenig Minen gelegt wurden; außerdem waren die Deutschen mit Minensuchbooten wohl versehen.

In seiner Rede im Unterhause vom 11. April äußerte Churchill, dass die britische Flotte, welche in Scarpa Flow in Bereitschaft lag, auf die am 7. April eingetroffenen Meldungen hin augenblicklich auslief, um die Deutschen aufzuspüren und zum Kampfe zu stellen.

»Gleichzeitig«, sagte Churchill, »aber unabhängig von jener Aktion, näherten sich starke britische Streitkräfte Narviks, um bei der norwegischen Küste Minenfelder zu legen.« Infolge der schlechten Sicht verlor die britische Flotte die Fühlung mit der deutschen Schlachtflotte, welche am 7. beobachtet worden war. Einige haben dem Verdacht Ausdruck gegeben, dass sich die Engländer durch die Manöver, welche ein Teil der deutschen Flotte in der Nordsee durchführte, haben narren lassen – zur Zeit, als die Invasionsflotte durchs Kattegat und Skagerrak fuhr. Dort befanden sich nur wenige englische U-Boote. »Wegen der großen Distanz konnte unsere Luftwaffe unsere Überwasserschiffe nicht unterstützen. In jenen Gewässern waren wir der feindlichen Luftwaffe so stark ausgesetzt, dass wir nur U-Boote verwenden konnten. Eine wirksame Blockade, wie sie mit Überwasserschiffen möglich ist, konnten wir nicht durchführen. Unsere U-Boote hielten reiche Ernte; aber sie allein konnten die Invasion Norwegens nicht verhindern.«

Nach englischen Angaben versenkten die U-Boote in den ersten zwei Wochen über 30 Transportschiffe – die Zahl der ertrunkenen Soldaten entspricht der Stärke einer ganzen Division. Aber man berechnete auch auf englischer Seite, dass sechsmal soviel Schiffe ihren Bestimmungsort erreicht hatten. Nach deutschen Berechnungen hat die deutsche Flotte während des norwegischen Krieges im ganzen Transporte von ca. 2,3 Millionen Tonnen geleistet.

Zwischen deutschen Schiffen und den englischen Kriegsschiffen, welche anlässlich der Minenlegung an die norwegische Küste geschickt worden waren, kam es zu einigen Kampfhandlungen. Das Wetter begünstigte im Übrigen die Deutschen, was diese selbst zugegeben haben. Der Wind blies heftig, und vor der Küste herrschte Schneesturm. Im Morgengrauen des 9. April geriet der alte englische Schlachtkreuzer Renown auf der Höhe von Narvik in Gefechtsfühlung mit dem Schlachtschiffe Scharnhorst, welches laut englischen Angaben beschädigt wurde. Die Deutschen haben später zugegeben, dass sowohl die Scharnhorst als auch die Gneisenau in jenen Gefechten beschädigt worden sind. Am gleichen Morgen wurde auf der Höhe von Trondheim der englische Zerstörer Glowworm versenkt, wahrscheinlich durch den schweren Kreuzer Hipper. Als am Dienstag die englische Flotte südwärts fuhr, wurde sie von der deutschen Luftwaffe auf der Höhe von Bergen angegriffen. Der Zerstörer Gurkha wurde versenkt und das Schlachtschiff Rodney beschädigt. Ein englischer Zerstörerverband, der vor der nordnorwegischen Küste lag, kam mit den deutschen Zerstörern, welche am frühen Dienstagmorgen in Narvik einliefen, nicht in Gefechtsfühlung; aber tags darauf griff er die Deutschen in Narvik an.

Die britische Flotte konnte die Deutschen auf ihrer Fahrt nach Norden nicht stellen; aber es durfte angenommen werden, dass sie einen Gegenangriff einleiten würde, sobald die Deutschen in die Fjorde eingelaufen waren. Manche Leute rechneten damit, die Engländer würden die norwegischen Fjorde zupfropfen, dadurch die deutsche Flotte unschädlich machen und durch Unterbindung der Zufuhr die Landungsstreitkräfte zum Untergang verurteilen. Eine solche Gegenaktion hätte indes in Gang gesetzt werden müssen, bevor es den Deutschen gelungen war, Küsten- und Fliegerabwehrartillerie in Stellung zu bringen. Die Gefahr, die Engländer könnten gleich zum Gegenangriff übergehen, übersah man auf deutscher Seite nicht; dies zeigt folgender Hinweis des Vizeadmirals Groos: »Der günstige Augenblick für eine Gegenaktion war bereits verpasst, als die in See befindliche englische Flotte sich nicht entschloss, unter vollem Einsatz sofort in die von deutschen Seestreitkräften forcierten Häfen nachzudrängen. Eine Wiedereroberung durch unmittelbaren Angriff von der See her war aber so gut wie ausgeschlossen, nachdem von deutscher Seite ein wirksamer Küsten- und Luftschutz eingerichtet worden war. Ohne einen größeren Hafen mit leistungsfähigen Ausladeeinrichtungen, Eisenbahnverbindungen und einem Landflugplatz waren aber größere Ausschiffungen nicht möglich.« Konteradmiral Lützow behandelt dieselbe Frage in einer Broschüre »Die heutige Seekriegsführung«, worin er schreibt: »Bei jeder Landungsunternehmung ist verständlicherweise die allererste Zeit nach der Landung besonders kritisch. In Norwegen kam uns die Überraschung zustatten. Mit der Möglichkeit einer deutschen Landung in Norwegen hatte die norwegische Regierung nicht gerechnet ... So blieben gefährliche Angriffe der Norweger von der Landseite auf unsere frisch gesandten Truppen aus. Auch der Engländer hat die günstige Zeit sofort nach der Landung ungenützt vorübergehen lassen.« In derselben Broschüre ist an einer anderen Stelle die Rede von »Angriffen, die im ersten Augenblick nach unserer Landung vielleicht eine kritische Lage hätten schaffen können, wenn sie mit der nötigen Tatkraft durchgeführt worden wären.«

Der deutsche Kapitän Heye, Kommandant auf dem Kreuzer Hipper, hat in einem Buch »Die Kriegsmarine erobert Norwegens Fjorde« über die Lage nach der Eroberung Trondheims durch deutsche Seestreitkräfte folgendes geschrieben: »... über allem die verständliche Sorge, dass der Engländer, diese Gunst der Lage ausnutzend und von den Norwegern unterstützt, in den Fjord einbrechen würde, um uns das Errungene zu entreißen, und Trondheim, diese ausschlaggebende Schlüsselstellung für die Beherrschung des ganzen mittelnorwegischen Raumes, mit seinen wichtigen Straßen- und Eisenbahnverbindungen in die Hand zu bekommen. Wenn ihm das gelang, blieb der deutsche Zugriff zunächst nur auf Südnorwegen beschränkt, und es musste ein schwerer und kräftebrauchender Kampf um Trondheim einsetzen. England verpasste auch hier die Stunde. Nach zwei Tagen war die unmittelbare Gefahr vorüber. Die Batterien in unserer Hand, die Truppe an Land gerichtet und frei zum weiteren Einsatz. Dazu waren dann, was wir anfangs sehr entbehrten, die ersten Streitkräfte unserer Luftwaffe eingetroffen.«

Der Hauptgrund, weshalb die britische Flotte nicht zur Aktion schritt, bevor die Deutschen Norwegen erreicht hatten, war offenbar der Mangel an zuverlässigen Informationen. Sie konnte die norwegischen Fjorde vor allem deshalb nicht abriegeln, weil sie sich dadurch den Bomben der deutschen Luftwaffe ausgesetzt hätte – die Deutschen hatten ja sozusagen alle norwegischen Flugbasen in Besitz genommen. Aus zwei Gründen waren die Deutschen in der Luft überlegen: sie verfügten über weit mehr Flugzeuge als die Engländer, und ihre Luftwaffe hatte sich in Norwegen sofort festgesetzt und befand sich somit in der relativ vorteilhaften Lage des Verteidigers. Nur im Abschnitte von Narvik besaßen die Deutschen keinen Flugplatz; dort konnten denn auch die Engländer nach dem 9. April angreifen, ohne von der deutschen Luftwaffe belästigt zu werden. Bei Trondheim dauerte es mehrere Tage, bis die Deutschen den Flugplatz in Ordnung gebracht hatten. Die Flugplätze von Trondheim, Bergen, Kristiansand und Oslo und vor allem der Flugplatz Sola bei Stavanger wurden in den ersten Tagen nach dem 9. April und in den folgenden Wochen zu wiederholten Malen von englischen Bombenflugzeugen heimgesucht. Es entstand ein recht großer Schaden. Aber die Voraussetzung für eine wirksame Gegenaktion von der See her wäre auf alle Fälle nur dadurch geschaffen worden, wenn einer der norwegischen Flugplätze zurückerobert worden wäre. Strabolgi behauptet, es sei vom Flugplatze Sola die Rede gewesen. Von der See her konnte er unter Feuer genommen werden – er ist auch von einem englischen Kreuzer beschossen worden; in Anbetracht der guten Landungsmöglichkeiten wäre seine Wiedereroberung für die Alliierten keine unüberwindliche Aufgabe gewesen.

Die Engländer hatten Bedenken, einen allzu großen Teil ihrer Flotte für einen Vorstoß gegen die Deutschen in Norwegen zu opfern; in Hinsicht auf die weiteren Perspektiven des Krieges ist dies leicht zu verstehen. Schwer verständlicher war manchen Leuten die Halbheit, welche die meisten Unternehmungen der Alliierten kennzeichnete – trotzdem England und Frankreich feierlich Norwegen jede nur mögliche Hilfe versprochen hatten. Diese Politik der Halbheit ist wohl am ehesten mit dem Stand der militärischen Bereitschaft und dem damaligen Regierungskurs Englands und Frankreichs in Verbindung zu setzen. Diese unglücklichen Umstände zeigten sich deutlich in der zweiten Hälfte des April, als dem alliierten Expeditionskorps eine hoffnungslose Aufgabe zuteil wurde. Neben anderen Faktoren war es die deutsche Alleinherrschaft im norwegischen Luftraume, welche die alliierte Expedition zum Scheitern brachte und schließlich die Niederlage der Alliierten herbeiführte.

»Die Sicherheit des britischen Reiches und seine weitere Existenz hängen davon ab, ob wir die nationalsozialistischen Pläne, sich an der ausgedehnten norwegischen Küste festzusetzen, durchkreuzen können«, schrieb Lord Strabolgi in »Narvik and after«. Die Überlegenheit der Luftwaffe über die Kriegsmarine hat tatsächlich England in eine gefährliche Lage hineingebracht. Auf die möglichen Folgen dieser Lage hat Lord Strabolgi hingewiesen, weil er die Bedeutung des Kampfes um Norwegen hervorheben wollte. Ob nun diese unglücklichen Folgen wirklich eintreffen werden, ist indes eine andere Sache.

Der Zustand der norwegischen Landesverteidigung

Bevor wir uns mit der Küstenverteidigung und den Landoperationen in Südnorwegen befassen, ist es angebracht, für die Wertung und Beurteilung der norwegischen Landesverteidigung einige Anhaltspunkte zu geben.

Zuerst sei hervorgehoben, dass man in Norwegen im Laufe der allerletzten Jahre zu einer neuen Auffassung der militärischen Fragen gekommen ist, wodurch die Auswirkungen der Passivitätsperiode nach 1918 allmählich liquidiert wurden. Die Ergebnisse der neuen Einstellung hätten sich in absehbarer Zeit gezeigt; hingegen konnten sie sich praktisch noch nicht auswirken, als Norwegen am 9. April 1940 in den Krieg hineingerissen wurde. Bei Kriegsausbruch herrschte noch ein typisches Übergangsstadium von Pazifismus zu militärischer Bereitschaft.

Während der politischen Kämpfe in Norwegen zu Ende des vorigen Jahrhunderts war die Sache der Landesverteidigung die Angelegenheit des Volkes. Die Forderungen nach Verstärkung des Heeres und seiner Demokratisierung waren während der Unionskämpfe an der Tagesordnung – diese Kämpfe kulminierten wie bekannt im Jahre 1905. Um die Jahrhundertwende wurde die Landesverteidigung durch die Anschaffung von Feldkanonen, durch die Anlegung von Küstenbefestigungen, später auch von Grenzbefestigungen, und durch die Erneuerung der Flotte verstärkt. Nach 1905 kam es zu der starken Heeresordnung von 1909. Aber nach dem Weltkriege trat eine militärpolitische Wendung ein. Die Möglichkeit eines schwedisch-norwegischen Konfliktes bestand nicht mehr; damit zu rechnen, galt als absurd. Während des Krieges 1914–1918 manövrierte das Staatsschiff glücklich durch alle Gefahren. Das Land bewahrte seine Neutralität und den Frieden.

Nach dem Weltkriege schloss sich Norwegen dem Völkerbund an. Das Land war von der Notwendigkeit zwischenstaatlicher Verständigung und Schlichtung von Konflikten überzeugt. Die Norweger glaubten an den Frieden. Sie wünschten eine internationale Zusammenarbeit – Nansen war das Sinnbild. Seit 1815 hatte das Land in Frieden gelebt, die Lebensbedingungen hatten sich verbessert, die Selbstverwaltung des Volkes war erweitert worden. Diese Arbeit nahm nach dem Weltkrieg ihren Fortgang. Man weigerte sich zu glauben, dass man einem neuen Weltkriege entgegengehe. Mit solchen Zukunftsaussichten zu rechnen – das bedeutete für den Norweger soviel wie eine Bankrotterklärung; das hieß, den Glauben an die Vernunft preiszugeben und die Idee des Völkerbundes zu verraten.

Die pazifistische Einstellung dominierte in den 1920er Jahren. Sie war im Denken norwegischer Männer und Frauen tief verwurzelt; sie lebte durch den Glauben an den Sieg der friedlichen Arbeit. Die Arbeiterbewegung, die immer größeren Anhang gewann, war kein Freund der Landesverteidigung. Sie war erfüllt vom Gedanken einer großen sozialen Mission. Der Antimilitarismus war ein Bestandteil ihrer Ideologie; er sah in der Landesverteidigung eine feindliche Macht. Diese Einstellung war dadurch genährt worden, dass Militär bei Arbeitskonflikten zu wiederholten Malen als Polizei eingesetzt worden war. Die pazifistische Stimmung war jedoch nicht nur in der Arbeiterbewegung vorhanden. Die Forderung nach einer Beschneidung der Militärkredite verbreitete sich in weiten Kreisen.

Die Kluft zwischen Volk und Militär wurde erst in den letzten Jahren allmählich überbrückt. Aber noch unter dem Eindrucke der europäischen Ereignisse der letzten Jahre waren starke Gruppen im Volke der Ansicht, man dürfe sich durch die Aufrüstungstollheit nicht einfangen lassen. Gerade jetzt müsse Norwegen gegen den Strom schwimmen und seine Treue gegenüber der Friedenspolitik und seine Neutralität dadurch beweisen, dass es nicht der Aufrüstungspolitik verfalle. Als die Frage einer neuen norwegischen Militärpolitik auf die Tagesordnung kam, da lief durch die alten politischen Parteien eine trennende Linie. Die im Volke vertretenen verschiedenen Auffassungen spiegelten sich in der vorsichtigen und etwas zögernden Art wieder, mit welcher die Regierung und das Storting zu einem wirksameren Ausbau des norwegischen Neutralitätsschutzes schritten. Auch diejenigen, welche damals eine ablehnende Haltung einnahmen, dürfen deswegen nicht beschuldigt werden, kein Interesse für die Verteidigung der norwegischen Unabhängigkeit aufgebracht zu haben. Als es Ernst wurde, haben viele von ihnen ihre persönliche Einsatzbereitschaft bewiesen. Damals glaubten sie eben, es könne einem Lande wie Norwegen nichts nützen, Militärpolitik zu treiben und vielleicht gerade dadurch in die kriegerischen Ereignisse hineingezogen zu werden.

Diejenigen, welche den anderen Weg einschlugen und allmählich das Übergewicht erlangten, waren auch nicht der Auffassung, dass Norwegen mit seinen beschränkten wirtschaftlichen Möglichkeiten eine Armee aufbauen könne, die sich mit der Wehrmacht irgendeiner Großmacht messen könne. Die Aufgabe Norwegens musste bescheidener sein: es galt, die Landesverteidigung auszubauen und wirksam zu machen, so dass eine Verletzung der norwegischen Neutralität mit dem größten Risiko verbunden wäre. Dann würde vielleicht eine Großmacht den Vorstoß gegen Norwegen als allzu kostspieliges Unternehmen betrachten. Solche Überlegungen veranlassten die Vermehrung der norwegischen Militärkredite. Die Heeresordnung von 1934 setzte ein Militärbudget von 38 Millionen Kronen voraus, wovon 23 Millionen für die Armee und 15 Millionen für die Marine bestimmt waren. (Der Vollständigkeit halber sei erwähnt, dass das norwegische Militärbudget nie so niedrig gewesen ist als zur Zeit, da Major Quisling Kriegsminister war.) Für das Budget 1938–39 erreichten die Militärausgaben 5,3 Millionen und für das Jahr 1939–40 67,6 Millionen. Dies entsprach etwas mehr als 10% des gesamten Staatsbudgets. Dazu kamen jedoch in den letzten Jahren große außergewöhnliche Kredite, die direkt oder indirekt der Landesverteidigung zugute kamen. Für die Armee, die Flotte und die Luftwaffe wurden neue Bestellungen aufgegeben. Die freiwillige dienstliche Tätigkeit (Schießübungen, passiver Luftschutz etc.) wurde organisiert. Aber all dies war zu spät ins Werk gesetzt worden; am 9. April 1940 konnte es keine ausschlaggebende Rolle mehr spielen.

Auch in einem anderen Punkte wurden diejenigen in ihren Erwartungen enttäuscht, welche besonders nach 1938 unter dem Eindruck der europäischen Entwicklung eine aktive norwegische Militärpolitik befürworteten. Sie hatten nämlich mit der Möglichkeit gerechnet, ein nordisches Defensivbündnis zustande zu bringen. Aus verschiedenen Gründen ließ sich ein solches Bündnis nicht verwirklichen. Wie die Frage eines nordischen Defensivbündnisses von seiten einer Großmacht beurteilt wurde, zeigt u. a. eine Äußerung von Oberstleutnant Ritter von Niedermayer, Dozent für Wehrpolitik an der Universität Berlin. Er schrieb 1936 (wobei er Norwegen zu den Ostseeländern rechnete): »Als isolierte Staaten sind die politischen Gebilde um die Ostsee nach wirtschaftlichen und militärischen Gesichtspunkten nicht lebensfähig. Auch hier werden alle Fragen letzten Endes machtpolitisch gelöst; es gibt keine dauernde Garantie absoluter Neutralität durch andere. Daher ist ein Zusammenschluss der Ostseestaaten unter sich zur Abwehr von außen kommender Einflüsse oder teilweises Zusammengehen mit mächtigeren See- und Landnachbarn erforderlich ... Daher die Versuche zur Gründung einer nordischen Verteidigungsgemeinschaft.«

Hier folgt eine Übersicht über die Wehrmacht, die Norwegen bei Kriegsausbruch zur Verfügung stand:

Das Heer bestand aus sechs Divisionen. Die Aufstellung im Kriege vollzog sich indes nach Brigaden. Die Aufstellung im Frieden zeigt in der Hauptsache folgendes Bild:

1. Division, Halden: drei Infanterieregimenter, ein Dragonerregiment, ein Feldartillerieregiment und ein Pionierregiment.
2. Division, Oslo: drei Infanterieregimenter, ein Dragonerregiment und ein Feldartillerieregiment. Außerdem ein Gardebataillon.
3. Division, Kristiansand: zwei Infanterieregimenter und ein Artilleriebataillon.
4. Division, Bergen: zwei Infanterieregimenter und ein Artilleriebataillon.
5. Division, Trondheim: drei Infanterieregimenter, ein Dragonerregiment, ein Feldartillerieregiment, ein Pionierbataillon und eine Fliegerabteilung.
6. Division, Harstad: drei Infanterieregimenter, zwei selbständige Infanteriebatailione, ein Artilleriebataillon, eine Batterie Automatkanonen, ein Pionierbataillon, eine Fliegerabteilung. Dazu die Garnisonskompanie in Kirkenes.

   Dazu kamen ein Fliegerabwehrregiment und ein Fliegerbataillon in Südnorwegen. Kampfwagenverbände waren keine vorhanden.

In den 1920er Jahren betrug die Ausbildungszeit für Rekruten der Landarmee nur 48 Tage.

Dazu kam, dass gemäß Auslosung nur zwei Drittel jeder Jahresklasse einberufen wurden. Die Heeresordnung von 1934 baute sich auf eine 84-tägige Rekrutenschule ohne Wiederholungsübungen auf. Die Auslosung fiel weg. Die Wehrpflichtigen gehörten für 12 Jahre zum Auszug und für 12 Jahre zur Landwehr. Nach Berechnungen konnte von

Von den großen Fischereien an der norwegischen Küste.
Eine Million Tonnen Fisch wird jährlich an Land gebracht. 10000 Norweger nehmen am Fang teil mit etwa 21000 größeren und kleineren Booten.

ungefähr 200 000 Wehrpflichtigen die Hälfte mobilisiert werden. Pro Regiment sollten zwei Bataillone aufgestellt werden.

In vollständiger Aufstellung sollte jedes Infanterieregiment aus drei Auszugsbataillonen und einem Landwehrbataillon bestehen. Die Stärke eines Bataillons betrug 1000–2000 Mann. Die Infanterie war mit dem Armeegewehr Krag-Jörgensen Modell 1894 bewaffnet. Jedes Regiment sollte über 96 leichte Maschinengewehre, 36 schwere Maschinengewehre und 8 Minenwerfer verfügen.

Die Mängel, welche die Infanterie vor dem Kriege kennzeichneten, seien durch zwei Beispiele aus Tröndelag beleuchtet. September 1939 erhielt das Infanterieregiment 13 (I.R. 13) Befehl, für die Festung Agdenes eine Landwehrkompagnie zu mobilisieren. Die gesamte Ausbildung der Soldaten bestand aus einer Rekrutenschule von 48 Tagen, welche im Durchschnitt vor 15 Jahren stattgefunden hatte. Der Kader hatte seit vielen Jahren keinen Dienst geleistet. Der Regimentskommandant reichte deshalb beim kommandierenden General ein Gesuch ein, es solle die unbedingt notwendige Zahl von Instruktoren geschickt werden. Er gab an, dies sei von entscheidender Bedeutung für die Moral der Truppe, »besonders deshalb, weil niemand vorhanden war, der die der Kompagnie zugeteilten acht leichten Maschinengewehre bedienen oder die Mannschaft über den Gebrauch instruieren konnte; dies macht auf die Soldaten einen ganz besonders schlechten Eindruck.« In der Antwort des kommandierenden Generals stand, es sei nicht praktisch, Instruktoren zu schicken, weil ja die Kompanie bald entlassen würde.

Das zweite Beispiel: In den ersten Tagen des April 1940 wurde das zweite Bataillon von I.R. 13 aufgestellt, um im Gebiete von Narvik die Neutralitätswacht zu versehen. Laut der Darstellung des Regimentskommandanten fehlte da dem Bataillon folgendes Material: Lastwagen, Pferde, Karren, Pferdegeschirr, Skischuhe, Skischlitten, Kompasse, Skis und Skistöcke, Signalflaggen und Signallaternen, ganzgenähte Zelte, Zeltöfen, Pionierwerkzeug, Schneemäntel, Küchenmaterial, Schneeschuhe, Entfernungsmesser, Messstöcke und Munition.

Die drei Artillerieregimenter sollten zwei bis drei Bataillone mit 7,5-cm-Feldkanonen oder 12-cm-Feldhaubitzen aufstellen. Die drei selbständigen Gebirgsartilleriebataillone verfügten über 7,5-cm-Gebirgskanonen und 7,5-cm-Haubitzen. Die meisten Feldkanonen waren 35 Jahre alt.

Mehrere Landbefestigungen befanden sich nicht in Kriegsbereitschaft oder waren nicht bemannt. Von ihnen sollte das Fort Hegra im Stjördal eine große Rolle spielen, weil das Fort von Streitkräften unter Befehl von Major Holtermann besetzt wurde. Die einzige Landbefestigung, die sich in gutem Zustande befand, war das Festungswerk Fossumströket (bei Mysen in Östfold); aber auch diese Festung war nicht in Kriegsbereitschaft gesetzt worden.

Die Kavallerie war plangemäß mit drei Regimentern zu sechs Schwadronen aufgestellt worden. Zur Beleuchtung der Zustände bei der Kavallerie kann ein Brief angeführt werden, welchen die Kommandanten der drei Dragonerregimenter im Dezember 1939 an das Militärdepartement schickten. Darin hieß es, dass »wir es als unverantwortlich ansehen, mit den Regimentern auszurücken, bevor sie die vom kommandierenden General vorausgesetzte Ausbildung erhalten haben. Des weitern müssen wir es offen und bestimmt sagen, dass keines der Dragonerregimenter – weder für den Felddienst noch für den Bewachungsdienst – über genügende Bekleidung, insbesondere über Winterausrüstung verfügt ... Sogar für den Bewachungsdienst fehlen den Dragonerregimentern beispielsweise gegen 2500 Stücke Unterkleider, Schneestrümpfe, Halstücher etc.«

Die Luftwaffe bestand 1938: aus 45 Aufklärungsflugzeugen, 4 Jagdflugzeugen und 38 Schulflugzeugen für die Landarmee, aus 17 Aufklärungsflugzeugen, 8 Torpedoflugzeugen und 11 Schulflugzeugen für die Marine. Im ganzen 123 Maschinen, wovon nur eine geringe Zahl im Kriege verwendbar war. Plangemäß sollte die Luftwaffe 1940 eine Stärke von 140 verwendbaren Flugzeugen aufweisen: 53 Bomben- und Torpedoflugzeuge, 60 Aufklärungsflugzeuge und 27 Jagdflugzeuge. Von diesen Flugzeugen war jedoch nur eine kleinere Zahl vor dem 9. April in Dienst getreten, was sich praktisch nicht auswirken konnte.

Hier wie auf anderen Gebieten waren die Deutschen – ihrer Fachliteratur nach zu urteilen – vollständig im Bilde, was für Streitkräfte die Norweger bei einem Konflikt bestenfalls einsetzen konnten.

Das Fliegerabwehrregiment verfügte ursprünglich über 60 Fliegerabwehrkanonen. Bis zum 31. Dezember 1940 sollten plangemäß 42 75-mm- und 72 40-mm-Automatkanonen und 312 7,92-mm-Fliegerabwehrmaschinengewehre vorhanden sein. Nur ein Teil dieses Materials war vor dem 9. April vorrätig, und die Mannschaften waren im Gebrauch dieser Waffen nicht genügend geübt.

Die norwegische Kriegsmarine bestand aus vier Panzerschiffen: Eidsvold und Norge von 3645 t mit je 270 Mann Besatzung, Tordenskjold und Harald Haarfagre von 3380 t mit je 249 Mann Besatzung. Die beiden erstgenannten Schiffe waren 1900 gebaut worden, die beiden anderen 1897. Größere Minenlegboote waren Olav Tryggvason von 1596 t, 532 Mann Besatzung, gebaut 1932, und Fröya von 595 t, 78 Mann Besatzung, gebaut 1916. Dazu kamen neun kleinere Minenlegboote. Von diesen waren Glommen und Laugen 1956 gebaut worden. Sie waren von 350 t und hatten 39 Mann Besatzung. Die anderen (Tyr, Gor, Vidar, Brage, Nor, Uller und Vale) waren 1874–85 gebaut worden.

Drei Zerstörer (Gyller, Aegir und Sleipner) von 590 t mit 72 Mann Besatzung wurden 1936 fertig gestellt; drei Zerstörer derselben Klasse wie auch zwei größere Zerstörer von 1220 t befanden sich im Bau. Die älteren Zerstörer Draug, Troll und Garm waren von 468 t und in den Jahren 1908–13 gebaut worden. Drei Torpedoboote der ersten Klasse (Snögg, Stegg und Trygg) stammten aus dem Jahre 1918 und maßen 198 t. 22 Torpedoboote der zweiten Klasse gingen auf die Jahre 1897–1912 zurück. Es waren dies die Schiffe Kjell, Skarv, Teist, Laks, Sild, Säl, Skrei, Brand, Storm, Hval, Grib, Jo, Lom, Örn, Ravn, Hauk, Falk, Hvas, Kjäk, Kvik, Blink und Lyn. Acht Motortorpedoboote waren im Bau. Die Unterseeboote A 2–4 stammten aus dem Jahre 1913, B 1–6 aus den Jahren 1923–29. Die Minensuchboote Orkla und Rauma von 370 t wurden 1939 in Dienst gesetzt. Dazu kam eine Anzahl von Wachtschiffen.

Wie aus dieser Übersicht hervorgeht, war die Flotte

zum größten Teil veraltet. Dasselbe gilt für die Küstenbefestigungen.

Die Festungsartillerie, welche nur für die Küstenverteidigung vorhanden war, war der Kriegsmarine unterstellt. Von den Küstenbefestigungen waren nur die Festungen im Oslofjorde, bei Kristiansand, Bergen und Trondheim (Agdenes) bemannt, aber nicht in Kriegsbereitschaft gesetzt, die Minenfelder waren auch nicht ganz in Ordnung. Die Befestigungen von Kristiansand hatten sich seit mehreren Jahren nicht in Kriegsbereitschaft befunden, waren jedoch jetzt zum Teil in Bereitschaft gestellt worden.

Wenn wir alles, was in diesem Kapitel einleitungsweise gesagt worden ist, in Betracht ziehen, so kann es uns nicht überraschen, dass ein Teil des norwegischen Offizierskorps bei Kriegsausbruch große Schwierigkeiten hatte, seine Pflicht zu erfüllen. Der allgemeine Zustand der Landesverteidigung und der Armee musste sich auch auf die Beschaffenheit des Offizierskorps auswirken. In sozialer Hinsicht war es etwas einseitig zusammengesetzt; es fehlten ihm auch die notwendige Ausbildung und Erfahrung. Ein kleiner Teil der Offiziere war nach dem 9. April Major Quisling gefolgt; andere hatten große Mühe, die militärisch heikle Lage zu meistern, nachdem alle im voraus ausgearbeiteten Pläne über den Haufen geworfen waren. Die meisten norwegischen Offiziere haben jedoch nicht nur ihre Pflicht getreu erfüllt, sondern auch große Tüchtigkeit und gute militärische Eigenschaften an den Tag gelegt.

Ein bedeutender norwegischer Offizier hat sich über das Offizierskorps folgendermaßen ausgesprochen: »Von Verrat unter den Offizieren und den Kommandostellen ist die Rede umgegangen. Sehe ich von Quisling und seinem nächsten Anhang ab, habe ich keinen einzigen Fall von Verrat feststellen können. Vielmehr habe ich Offiziere, die früher der Nasjonal Samling angehörten oder sich jetzt Quisling angeschlossen haben, mit heiliger Überzeugung gegen die Deutschen kämpfen sehen. Wir Offiziere haben immer genau gewusst, dass in einem kommenden Krieg vor allem die Offiziere für eine militärische Niederlage verantwortlich gemacht würden, – so ist es ja immer gewesen. Wir haben deshalb immer wieder hervorgehoben, dass wir unseren Dienst für das Wohl des Landes und nicht für das eigene Wohl versehen. Wir blieben auf unseren Posten als Offiziere, nicht aus materiellen Gründen, sondern im Bewusstsein, dass unsere Plätze sonst von mehr oder weniger unfähigen Leuten eingenommen würden. Es ist auch behauptet worden, die Offiziere hätten weniger bereitwillig als die Soldaten gegen die Deutschen gekämpft. Es gibt keinen Grund, in dieser Hinsicht einen Unterschied zu machen. Aber man darf nicht vergessen, dass nach dem 9. April Offiziere und Soldaten vor ganz verschiedenen Aufgaben standen. Für die Kämpfe in Südnorwegen war die Verhaltungsregel aufgestellt worden, man solle ohne große Verluste an Menschenleben nur hinhaltenden Widerstand leisten, bis unsere Verbündeten zum Eingreifen bereit wären. Die Offiziere mussten diese Verhaltungsregel befolgen; somit kam es zu Missverständnissen. Öfters sind die Soldaten z. B. auf einem Flügel zurückgewichen; dies hatte zur Folge, dass der Kommandant die Front zurücknehmen musste. Auf dem anderen Flügel lagen die Soldaten in günstigen Stellungen; sie kannten den Grund zum allgemeinen Rückzug nicht und missverstanden die Lage.«

Will man die Ereignisse vom 9. April und nachher richtig beurteilen, so muss man zum ersten wissen, dass die allmählich anerkannten Verteidigungspläne noch nicht durchgeführt worden waren; zum zweiten muss man wissen, dass auch die vorhandenen Verteidigungsmittel nur in sehr beschränktem Umfang eingesetzt werden konnten. Noch am 8. April 1940 wurde eine ganze Gardekompagnie aufgelöst!

Angesichts aller dieser Umstände ist es beinahe erstaunlich, dass der Kampf gegen die furchtbare deutsche Wehrmacht ganze zwei Monate lang aufrechterhalten werden konnte. Mit äußeren militärischen Gründen kann dies nicht ausschließlich erklärt werden. Die Fertigkeit der jungen Norweger im Skifahren und im Schießen war ein positiver Faktor. Die norwegischen Seeleute leisteten Hervorragendes, auch wenn sie auf veralteten und gebrechlichen Schiffen saßen. Aber dazu kamen die moralischen Kräfte, die nach dem 9. April ausgelöst wurden und die vielleicht an Stärke weiterhin zugenommen haben, nachdem der militärische Widerstand hatte aufgegeben werden müssen.

Das Schicksal der maritimen Verteidigung Norwegens

Um die Rolle richtig zu verstehen, welche die norwegische maritime Verteidigung – Kriegsmarine und Küstenbefestigungen – bei der deutschen Okkupation gespielt hat, darf man nicht nur dem in mancher Hinsicht veralteten und ungenügenden Material seine Aufmerksamkeit schenken. Der Gegner hatte einen großen Teil seiner Flotte mit einigen ihrer modernsten Einheiten eingesetzt. Außerdem wurde die Flotte bei ihrem Angriff durch eine allmächtige Luftwaffe unterstützt. Ferner war auch bei der Küstenverteidigung das Überraschungsmoment ausschlaggebend, wenn auch am Vormittage des 8. April alle Kommandierenden zu verschärftem Wachtdienst ermahnt worden waren. In einzelne Küstenbefestigungen waren unmittelbar vor dem 9. April neue Mannschaften gelegt worden, die keine ausreichende Ausbildung besaßen. Auch hatte man nicht Zeit, die Schiffe, welche der Küste entlang die Neutralitätswacht versahen, zu konzentrieren.

Will man die Haltung, welche die militärischen Befehlshaber Norwegens der deutschen Aktion gegenüber einnahmen, richtig beurteilen, so fehlen einem in mehreren Fällen detaillierte Aufschlüsse. Aus Tatsachen geht jedoch hervor, dass sich an einigen Plätzen nicht nur Unfähigkeit, sondern auch Schlimmeres gezeigt hat. Ausschlaggebend war jedoch auf alle Fälle der tapfere Widerstand, der an den Orten, wo es wirklich zum Kampf kam, geleistet wurde; von diesem Widerstand hat sogar die Führung der deutschen Kriegsmarine mit Achtung gesprochen. Konteradmiral Gadow schrieb beispielsweise von der norwegischen Verteidigung zur See: »Schließlich war auch bekanntlich ein gewisser Widerstand zu brechen, der seine Opfer gekostet hat, und von dem man wünschen möchte, dass er einem englischen Angriff ebenso zugedacht worden wäre wie dem deutschen Schutzunternehmen.« Auch Vizeadmiral Groos sprach von »einem vielfach nicht unbeträchtlichen Widerstand der norwegischen Küstenverteidigung«. Und Konteradmiral Lützow schrieb: »Es war natürlich bekannt, dass die norwegischen Stützpunkte in gutem Verteidigungszustand waren, und es wurde mit ihrem Widerstand gerechnet. Wir dürfen uns deshalb nicht wundem, dass die Ausführung auch schwere Opfer von uns gefordert hat.«

Ein norwegisches Wachtschiff, der Walfischfänger Pol III, kam zuerst in Fühlung mit den deutschen Schiffen, welche am 9. April in den Oslofjord einlaufen sollten. Pol III wurde einem verheerenden Feuer ausgesetzt; dem Befehlshaber, Kapitän Welding Olsen, wurden beide Beine abgeschossen. Er wurde über Bord geschleudert und verschwand in der Tiefe. Das U-Boot A 2 versuchte einen Angriff. Sein Kommandoturm wurde indes durch Wasserbomben zerstört, so dass das U-Boot zur Oberfläche steigen und sich ergeben musste.

Am Eingang zum Oslofjord versuchten deutsche Truppen, welche nachts an Land gesetzt wurden, das Fort Rauer zu nehmen, indem sie der Festung in den Rücken fielen. Der Angriff wurde abgewiesen. Als Rauer gleichwohl später am Vormittage mit Hilfe der Luftwaffe genommen wurde, da war daran nach norwegischer Aussage ein falscher Kapitulationsbefehl von höchster Stelle schuld. Bei der Festung Bolaerne versuchten die Deutschen, mit Hilfe von Schlauchbooten zu landen; aber auch hier wurden sie zurückgeschlagen. Drei Tage lang hielten die Befestigungen von Bolaerne gegen Bombenflugzeuge und Seestreitkräfte stand. Es kam dabei den Verteidigern zugute, dass hier – im Gegensatz zu den anderen Festungen – ein unterirdischer Schutzraum vorhanden war.

Wie schon im ersten Kapitel erwähnt worden ist, stießen die gegen Oslo vordringenden deutschen Schiffe auf keine Minensperren. Der kommandierende Admiral Diesen hat später diesen Umstand folgendermaßen kommentiert: »Ein neutraler Staat hat ja kein Recht, Minen zu legen, ohne dies bekanntzugeben. Die Angelegenheit wurde am Montag erörtert. In der Nacht auf den 9. April erteilte ich Befehl, Minen zu legen, obwohl dies nicht mehr bekanntgegeben werden konnte. Aber in so kurzer Zeit konnten keine Minen gelegt werden; auch verunmöglichte die Nacht jedes Vorhaben. Wären auch Minen gelegt worden, so hätten sie wohl kaum eine größere Rolle gespielt; denn die Deutschen waren mit Minensuchern und Minenschirmen gut ausgerüstet.«

Die deutschen Streitkräfte, welche nach Oslo vordringen sollten, bestanden aus den Kreuzern Blücher, Lützow, Emden und dem Kampfschiffe Brummer, einigen Torpedobooten und mehreren kleineren Schiffen. Die Batterien bei Dröbak und die Festung Oscarsborg belegten die deutschen Schiffe mit heftigem Feuer. Bei dieser Gelegenheit versenkte die Torpedobatterie auf Oscarsborg durch zwei Volltreffer den schweren Kreuzer Blücher von 10 000 t. Ein deutscher Soldat hat im Buche »Kampf um Norwegen«, herausgegeben vom deutschen Oberkommando, folgende Beschreibung vom Untergang der Blücher gegeben: »Bruchteile von Sekunden nach dem ersten Feuerstrahl von drüben ertönt ein gewaltiges Krachen auf dem Mitteldeck, dort, wo die beiden Bordflugzeuge standen; der Luftdruck schleudert mich wie eine leichte Feder gegen die Panzerwand des Turmes, glühende Flammen leuchten auf. Ich will hinüber zu dem kaum 20 Meter weit entfernten tieferen Deck, um dort zu helfen. Gewehr- und Maschinengewehrmunition der eingeschifften Heerestruppen, von den Flammen zur Explosion gebracht, pfeift mir um die Ohren, und da wirft es mich auch schon wieder lang auf das Deck. Über mir fegt eine schwere Granate in den Vormars hinein, Sekunden später sehe ich tote und schwer verwundete Kameraden dort liegen ... Plötzlich springt die Blücher mit einem gewaltigen Satz zur Seite. War's eine Mine, war's ein Landtorpedo? Schwer legt sich das todwund geschossene Schiff auf die Seite ... es ist keine Hoffnung mehr, das Schiff ist verloren.« Durch das ausgelaufene Öl stand die Wasseroberfläche im Oslofjord noch viele Stunden nachher in Flammen, und im inneren Teil des Fjordes trieben die Leichen tagelang umher.

Nach eigener Aussage verloren die Deutschen vor der Festung Oscarsborg auch das Kampfschiff Brummer von

2400 t, während der Kreuzer Lützow schwer beschädigt wurde. Es ist nicht unglaubhaft, dass der Kampf bei Oscarsborg den Deutschen 1600 Mann gekostet hat. In jenen frühen Morgenstunden wurden während des Feuergefechtes einige der norwegischen Batterien im Dröbaksund zerstört. Am Morgen des 10. April musste sich die Festung Oscarsborg ergeben, weil sie von Kriegsschiffen und Bombenflugzeugen angegriffen wurde und weil deutsche Truppen in Dröbak an Land gegangen waren.

Wegen der Verzögerung bei Oscarsborg gelangten die deutschen Expeditionsstreitkräfte, die Oslo nehmen sollten, nicht zur berechneten Zeit ans Ziel. Deshalb mussten die Deutschen ihre Dispositionen ändern; die Streitkräfte, welche am frühen Vormittag in Oslo einrückten, waren etwas nördlich von Moß an Land gestiegen. Es handelte sich um wenigstens 2000 Mann mit 16 Panzerwagen. Zusammen mit den Streitkräften, welche bereits bei der Eroberung des Flugplatzes Fornebu herangekommen waren, betrugen die Okkupationstruppen in Oslo in den ersten Tagen kaum mehr als 3000 Mann. Am Donnerstag dem 11. April kamen die ersten großen Verstärkungen herbei; sie betrugen ungefähr eine Division.

Während der Kampf bei Oscarsborg begann, stießen einige deutsche Schiffe nach Horten vor. Es wurde behauptet, dass die dort liegende Hauptstation der norwegischen Kriegsmarine aus diesem oder jenem Grunde von der Lage nicht unterrichtet worden war. Nach einer anderen Version sollen die Kommandanten in Horten ein gefälschtes Telegramm, unterzeichnet von Außenminister Koht, ernst genommen haben. In diesem Telegramm sei Befehl erteilt worden, auf die fremden in den Fjord einfahrenden Schiffe nicht zu schießen und die Mannschaften der norwegischen Schiffe ohne Waffen an Land zu setzen. Diese Version – ein Gerücht – ist in Umlauf gekommen, weil die Besatzung des Panzerschiffes Tordenskjold an Land gesetzt worden war. Dies geschah in der Tat nur deshalb, weil Tordenskjold nicht mehr kriegstüchtig war und als Schulschiffe verwendet wurde. Die Rekruten, die übrigens tags zuvor in den Dienst getreten waren, wurden an Land geführt und in die Landstreitkräfte eingereiht.

In Wirklichkeit hatte sich folgendes ereignet: Als zwei deutsche Motortorpedoboote sich Horten näherten, gab der Minenleger Olav Tryggvason unter Befehl von Kapitän Briseid zuerst einige Warnungsschüsse ab. Darauf eröffnete das norwegische Schiff das Feuer auf eines der deutschen Schiffe, dessen Besatzung eben am Sölvkranekai an Land gehen wollte. Das deutsche Schiff sank augenblicklich; aber den meisten Soldaten gelang es, an Land zu kommen. Das Minenräumboot Rauma eröffnete das Feuer gegen das andere deutsche Schiff, das ebenfalls anlegen wollte. Auch dieses Schiff wurde in den Grund geschossen; aber auch seiner Besatzung gelang es größtenteils, das Land zu erreichen. Rauma war während des Kampfes schwer beschädigt worden. Der Kommandant des Schiffes, Leutnant Winsnes, wurde getötet, und drei Mann der Besatzung wurden schwer verletzt. Olav Tryggvason war nur leichter beschädigt worden; einige Leute der Besatzung waren leicht verletzt. Ein wenig später versuchte ein kleinerer deutscher Zerstörer, die Einfahrt in den Hafen zu erzwingen. Er wurde jedoch durch Olav Tryggvason kampfunfähig gemacht.

Der norwegische Minenleger beschädigte auch den deutschen Kreuzer Emden schwer. Die Emden war 1925 gebaut worden, maß 5400 t und verfügte über eine Besatzung von 534 Mann. Der tapfere norwegische Minenleger kämpfte immer noch, als der Kampf vom Land her abgeblasen wurde. Orkla, das Schwesterschiff des Minenräumbootes Rauma, wurde von den Deutschen an einer anderen Stelle im Oslofjord unschädlich gemacht.

Eine Abteilung der deutschen Landungstruppen war also an Land gekommen, und bevor die norwegische Mannschaft das Feuer aus ihren leichten Maschinengewehren eröffnen konnte, befanden sich die Deutschen unter Führung von drei Offizieren in dichter Nähe. Sie führten schwere Maschinengewehre mit sich und zogen sich in einen Wald zurück. Von dort aus besetzten sie die Stadt Horten selbst, ohne dabei auf Widerstand zu stoßen. Auf der Polizeiwache der Stadt überreichten sie Vorschläge, die Marinestation solle sich ergeben. Ein norwegischer Kapitän überbrachte die deutsche Forderung dem Admiral. Dieser erhielt eine Frist von zehn Minuten, um zu kapitulieren; andernfalls würde die Stadt bombardiert werden. Weil der Admiral keine Verteidigungsmöglichkeiten sah – die Kanonen der deutschen Kreuzer waren auf Horten gerichtet, und über die Dächer hinweg donnerten die deutschen Bombenflugzeuge –, nahm er die Kapitulationsbedingungen an.

Bei Kristiansand begann das Feuergefecht zwischen den deutschen Schiffen und der Festung Odderöy um fünf Uhr morgens. Die Norweger machen geltend, dass sie in Kristiansand, außer einem U-Boot und einem Transportschiff, den deutschen Kreuzer Karlsruhe von 6000 t versenkt haben. Die Deutschen haben den Verlust der Karlsruhe zugegeben. Die Engländer sind jedoch der Ansicht, dass das Verdienst der Versenkung einem ihrer U-Boote zukomme, was auch durch deutsche Darstellungen bekräftigt wird. Bei Kristiansand nahmen die Deutschen ohne Kampf die Zerstörer Gyller und Odin, zwei norwegische U-Boote und die Torpedoboote Kjell, Kvik, Lyn und Blink. Einem der norwegischen Torpedoboote war es gelungen, ein deutsches Bombenflugzeug abzuschießen.

Nach einem ersten Gefechte, wobei auf Odderöy ein Panzerturm zerstört wurde und eine Fliegerbombe eines der Munitionslager traf, zog sich die deutsche Flotteneinheit zurück. Als sie einige Stunden später zurückkehrte, wurde sie nicht länger unter Feuer genommen. Die Deutschen führen dies als Beweis dafür an, dass ihre Schiffsbatterien die norwegische Festung unschädlich gemacht haben. Von norwegischer Seite wird die Angelegenheit folgendermaßen erklärt: In Kristiansand glaubte man, es handle sich um die zum Entsatz herbeifahrende Flotte der Alliierten; deshalb wurde nicht zum zweiten Mal geschossen. In einer Broschüre »Det tyske overfallet paa Norge« von Herman K. Lehmkuhl, die von »Den norske Regjerings Informasjonskontor« in London herausgegeben worden ist, findet sich folgende Darstellung: »Um 9 Uhr erhielt der Kommandant auf Odderöy ein Telegramm, das chiffriert abgefasst und vom kommandierenden Admiral unterzeichnet war; darin stand, dass französische Kriegsschiffe, die in Kristiansand zu erwarten seien, ohne Widerstand eingelassen werden sollten. Eine Weile später kam eine Abteilung von fünf Zerstörern mit französischer Flagge gegen die Festung herangefahren und wurde vorbeigelassen. Nicht lange darauf traf vom Zollamt in Kristiansand die Meldung ein, dass einige Kriegsschiffe in den Hafen eingelaufen waren und eben am Kai vertäut wurden. Jetzt hatten sie die Hakenkreuzflagge gehisst.«

In der Stadt Kristiansand entstanden einige Schäden; ungefähr 25 Personen, worunter acht Soldaten, wurden getötet. Odderöy befand sich immer noch in kampffähigem Zustand, als eine Kompanie deutscher Marineartillerie und eine Abteilung Infanterie gegen die Festung heranrückten. Laut eigener Darstellung konnten die Deutschen einen norwegischen Major gefangennehmen, welcher den Festungskommandanten zu Verhandlungen mit dem deutschen Kompaniekommandanten bewegen sollte. Der norwegische Kommandant schlug das Begehren ab, worauf ihm ein Ultimatum von fünfzig Sekunden gestellt wurde. Dieser Bluff, womit gewaltige deutsche Streitkräfte vorgetäuscht wurden, gelang: Odderöy ergab sich um 12 Uhr.

Bei Stavanger versenkte der Zerstörer Aegir ein deutsches Transportschiff. Aegir wurde darnach von einer Fliegerbombe in den Maschinenraum getroffen und musste mit zehn Toten an Bord an Land gesetzt werden. Um 1 Uhr wurde Stavanger besetzt. Zu diesem Zeitpunkt war der Flugplatz Sola bereits aus der Luft genommen worden. Die Norweger leisteten auf Sola Widerstand, und die Deutschen hatten einige Tote. Die Übermacht war jedoch allzu groß; man rechnet damit, dass an jenem Tage 200–300 deutsche Flugzeuge nach Sola gekommen sind. Erst als Stavanger durch deutsche Luftlandetruppen genommen worden war, erschienen am Nachmittage des 9. April drei große Transportschiffe mit Truppen und Material.

Die Befestigungen von Bergen können mit dem Feuer erst beginnen, wenn der Feind ziemlich nahe herangekommen ist. Als um 1 Uhr ein Wachtschiff bei der Einfahrt in den Korsfjord gemeldet hatte, dass fremde Kriegsschiffe in den Fjord einliefen, erhielt der Minenleger Tyr Befehl, im Leröysund Minen zu legen. Als das norwegische Wachtschiff Signale gab und gegen die Verletzung des norwegischen Territorialwassers protestierte, antwortete der Deutsche: »Sei ruhig.« Bevor sich Tyr zurückziehen musste, konnte er zwölf Minen auslegen. Die Deutschen fischten die Minen mit zwei Paar Minenräumbooten auf.

Das Fort auf Leröy eröffnete das Feuer, aber offenbar ohne Resultat. »Einige Salven, die sofort glänzend lagen, stellten den Frieden wieder her. Es war das Werk von drei Minuten«, heißt es in einer deutschen Schilderung. Das Torpedoboot Storm schoss auf ungefähr 1200 m Abstand ein Torpedo ab. Dieses traf eines der deutschen Schiffe, explodierte jedoch nicht. Die Deutschen setzten ihre Fahrt in den Fjord hinein fort. Um 4 Uhr kamen sie in Schussbereich der Batterien auf Kvarven und Hellen. Beide eröffneten das Feuer, ohne dass die Deutschen es beantworteten. Statt dessen signalisierten die Deutschen auf englisch: »Stop shooting.« Einer der deutschen Kreuzer soll von drei Schüssen getroffen worden sein. Kvarven wurde vom Lande her von deutschen Truppen genommen. Die Geschützmannschaften versuchten vergeblich, Widerstand zu leisten. Hellen wurde u.a. aus der Luft bombardiert, bevor es sich ergab. Das Torpedoboot Brand, welches bei Kvarven lag, um die fehlende Torpedobatterie zu ersetzen, wurde überrascht und von zwei Motortorpedobooten genommen, bevor es einen Torpedo abfeuern konnte. Ungefähr gleichzeitig mit dem Erscheinen der deutschen Schiffe im Fjorde von Bergen befanden sich auch schon deutsche Soldaten in den Straßen der Stadt. Sie stammten allem nach aus drei Transportschiffen, die unter der Flagge anderer Länder vor Bergen gelegen hatten. Die Okkupationstruppen rückten mit weißen Fahnen an den Bajonetten vor. Um 5 Uhr standen sie vor Marineholmen, welches geräumt wurde. Der Stab der 4. Division unter General Steffen zog sich zurück, um die Truppen bei Voß zu sammeln.

Der Kreuzer, der beschädigt worden war – es soll die Köln gewesen sein, nach anderen Behauptungen die Königsberg von 10000 t –, wurde mit einem Munitionsschiff am Mittwoch dem 10. April von englischen Bombenflugzeugen versenkt.

Die Befestigungen von Agdenes im Trondheim-Fjorde bestehen aus den Forts Hysnes und Brettingen auf der Ostseite und aus dem Fort Hambaara auf der Westseite des Fjordes. Das leztgenannte Fort war jedoch nicht bemannt. Um 3 Uhr eröffneten Hysnes und Brettingen das Feuer auf die eindringenden deutschen Schiffe. Hauptmann Oyvin Lange, der auf Hysnes Dienst versah, hat in seinem Buche »Krigen som vekket Norge« (»Der Krieg, der Norwegen erweckt hat«) geschrieben: »Unser ehrlicher Neutralitätswille wird vielleicht am besten dadurch bewiesen, dass wir solange es dunkel war – nicht wussten, ob wir auf Deutsche oder Engländer schossen. Und ebenso verhielt es sich mit dem Fort Rauöy. Was mich betrifft, so glaubte ich am ehesten, unser Feind seien die Engländer.« Dieses Zeugnis ist von Interesse, weil Hauptmann Lange, als er sein Buch herausgab, Mitglied der Partei Major Quislings war.

Die erste Salve der deutschen Kriegsschiffe auf Agdenes zerstörte die Beleuchtungsanlage der Festung und setzte dadurch auch die Scheinwerfer außer Funktion. Die Deutschen blendeten darauf die norwegischen Batterien mit ihren eigenen Scheinwerfern und legten einen Rauchschleier zwischen sich und das Land. Das Fort Hysnes schoss weiter ins Blinde hinein und hatte einen Treffer zu verzeichnen, der – wie die Deutschen zugegeben haben – Verluste zur Folge hatte. Diese erste Kampfphase dauerte ungefähr 20 Minuten. Als es hell wurde, eröffnete die 21-cm-Batterie auf Hysnes auf 8000 m Abstand das Feuer auf einen deutschen Zerstörer, der sich in westlicher Richtung befand. Die vier Schüsse waren von guter Wirkung; der Zerstörer musste auf den Strand gesetzt werden.

Zwei deutsche Seeoffiziere haben in »Die Wehrmacht« vom 8. Mai 1940 eine Schilderung von der Landung bei Trondheim gegeben. Sie berichten, ihr Schiff sei von einem norwegischen Wachtschiff entdeckt worden. Es gelang ihnen jedoch, die Norweger durch einen Telegrammwechsel irrezuführen. Dadurch kamen sie glücklich an der gefährlichsten Stelle vorbei. Mit der Festung wurden sie fertig, indem sie ihre Scheinwerfer gegen die der Festung richteten, so dass die letzteren wirkungslos wurden. Auf diese Weise kamen alle deutschen Schiffe glücklich an der Festung vorbei, und man konnte Soldaten an Land werfen und sie gegen die Festung einsetzen. In einem anderen deutschen Bericht steht folgendes: »Die Leuchttürme auf den

Bergen sind gelöscht, überall herrscht vollkommene Finsternis. Gleichwohl fasst der Kommandant den Entschluss, in den Fjord einzulaufen. In voller Fahrt jagen die Schiffe durch das schmale Fahrwasser vorwärts, vorbei an den schweigenden norwegischen Batterien auf der steilen Küste. Plötzlich flammen auf beiden Seiten des nächtlichen Gewässers die Scheinwerfer auf, suchen die Wasseroberfläche ab und bleiben an dem Kreuzer hängen. Werden die Norweger wirklich schießen? Backbord achterwärts lässt sich das Blinken einiger Kanonenmündungen sehen. Zwei Schüsse werden abgefeuert, treffen aber nicht. Die Kreuzer antworten mit einer Salve vom Turme achterwärts. Eine Detonation und eine Flamme. Wie die Schiffe weiterfahren, sieht man im Hintergrund eine mächtige Rauchwolke in den grauen Morgenhimmel emporsteigen. Es sind brennende Munitionslager.«

Nachdem die Deutschen die Befestigungen passiert hatten, setzten sie ungefähr 500 Mann an Land, um die Forts vom Lande her zu nehmen. Bombenflugzeuge griffen in den Kampf ein, und ein schwerer Kreuzer nahm die Festung unter indirektes Feuer. Von Fort Hysnes wurde ein improvisierter Trupp von 25 Mann ausgeschickt, welcher größtenteils aus Militärarbeitern und Büroangestellten bestand und die deutschen Landungstruppen fünf Stunden lang in Schach hielt. Um 15 Uhr kapitulierte Agdenes. – Einer der deutschen Zerstörer wurde am 11. April von britischen Bombenflugzeugen im Trondheim-Fjorde versenkt.

Im Hafen von Narvik lagen die Panzerschiffe Eidsvold und Norge unter dem Befehl der Korvettenkapitäne O. I. Willoch und Petter Askim. Die Legung der britischen Minenfelder hatte gezeigt, dass die Situation kritisch war; man machte sich deshalb zum Kampfe bereit. Unmittelbar vor Mitternacht hatte der Kommandant der Norge an den kommandierenden Admiral folgendes Telegramm gesandt: »Im Hafen von Narvik liegen jetzt 14 deutsche Lastdampfer, teils beladen, und ein großer deutscher Walfischfänger mit Dieselöl, Schmieröl und einer Menge Proviant an Bord. Gesetzt der Fall, englische Kriegsschiffe sollten in Narvik einlaufen, bittet der Kommandant der Panzerdivision um Befehl, ob man sich einem Angriff auf die deutschen Handelsschiffe mit Waffengewalt widersetzen solle.« Um 24 Uhr traf folgende Antwort ein: »Einem Angriff auf Narvik soll mit Waffengewalt begegnet werden.«

Um 3.20 Uhr am Dienstag meldete ein Wachtschiff draußen im Ofotfjorde, dass 9 deutsche Zerstörer (wahrscheinlich waren es 10) mit großer Geschwindigkeit in den Fjord hineinfuhren. Unterwegs zwangen sie das Wachtschiff Senja zur Ergebung. Die Eidsvold war zu diesem Zeitpunkt in den äußeren Teil des Hafens geschickt worden, während die Norge an Ort und Stelle blieb. Als die Meldung vom Herannahen der deutschen Zerstörer eintraf, nahm die Norge einen andern Platz im Hafen ein und zwar bei dem großen Erzkai. Kurz darauf kamen die deutschen Schiffe in Sicht. Die Norge begann mit dem Feuer, und die deutschen Zerstörer vollzogen eine Schwenkung nordwärts und ostwärts. Die Deutschen erwiderten das Feuer, ohne jedoch die norwegischen Panzerschiffe zu treffen. Hingegen wurden einige Handelsschiffe, welche am Kai lagen, zum Sinken gebracht. Eine 21-cm-Granate der Norge traf den führenden deutschen Zerstörer, der mit Bestimmtheit sank. Während des ganzen Kampfes herrschte dichtes Schneetreiben. Die Norge wurde schließlich durch zwei deutsche Torpedos getroffen, zuerst achterwärts und gleich darauf in den Maschinenraum. Das Schiff drehte sich und versank in weniger als einer Minute. 108 Mann der Besatzung kamen ums Leben, 91 wurden gerettet. Der Kommandant der Norge, der sich im Steuerhäuschen aufhielt, folgte dem Schiff in die Tiefe, aber gelangte wieder an die Wasseroberfläche: der Wasserdruck hatte wahrscheinlich die Türe aufgedrückt.

Die Eidsvold wurde weiter draußen im Fjord versenkt. Das erste deutsche Schiff, welches gesichtet wurde, war angerufen worden. Ein deutscher Zerstörer legte in einiger Entfernung längs der Eidsvoid an. Ein deutscher Offizier erschien an Bord und verlangte, das norwegische Schiff solle sich ergeben. Gemäß einer Radioorder vom Kommandanten der Norge wurde dieses Begehren abgeschlagen. Als der deutsche Offizier das Schiff verließ, machte man sich kampfbereit. Der norwegische Kommandant wartete indes zu, bis der Unterhändler sich an Bord seines Schiffes begeben hätte. Dieser hatte jedoch sofort mit seiner Leuchtpistole seinem Schiffe signalisiert, das seine Torpedos eingerichtet hatte. Auf einen Abstand von 150 m wurden zwei Torpedos abgefeuert; der eine traf den Munitionsvorrat, und die Eidsvold wurde praktisch genommen in Stücke gesprengt. 178 Mann kamen ums Leben, unter ihnen Korvettenkapitän Willoch; 51 Mann wurden gerettet. Nach anderen Angaben sollen die Verluste auf der Eidsvold noch größer gewesen sein, so dass die Gesamtzahl der Opfer mehr als 300 beträgt.

Narvik selbst wurde kampflos von Oberst Sundlo übergeben. Die deutschen Expeditionsstreitkräfte gingen an Land und besetzten ohne Störung den Hafen, die Stadt und Elvegaardsmoen. Am 19. Juli wurden 34 wiederaufgefundene Seeleute der Eidsvold und der Norge auf dem Kirchhof von Narvik beerdigt. Marinekapitän Scheen vom Admiralstabe sagte bei dieser Gelegenheit, als er einen Kranz mit einer Schleife in den norwegischen Farben niederlegte: »Die Norge und die Eidsvold waren die größten Schiffe der norwegischen Marine; das Unglück hier in Ofoten ist das größte, welches je die norwegische Kriegsmarine getroffen hat, seit sie unter unserer eigenen dreifarbenen Flagge gesegelt ist. In den Jahren, da wir für die Wiedergewinnung unserer Unabhängigkeit kämpften, wurde die Norge und die Eidsvold gebaut. Im Jahre 1905 und im Weltkriege 1914–18 hielten sie für unser Land Wache, und jetzt, als der neue Krieg begann, fuhren sie wieder aus, um unsere Neutralität zu beschützen. Der Verlust dieser Schiffe ist für unsere Marine ein schwerer Schlag; verglichen mit den 300 Seeleuten, die ihr Leben ließen, hat er aber nichts zu bedeuten. Waren denn alle diese Opfer nutzlos? Nein, ein jeder, der bei der Erfüllung seiner Pflicht stirbt, stirbt nicht umsonst! Die Gedanken, welche diese Seeleute bei der Ausfahrt am Abend des 8. April erfüllten, kennen wir nicht; sie bleiben uns verborgen. Aber am Heck der beiden Schiffe standen die Worte: Für König, Vaterland und Ehre der Flagge.«

Nach dem Angriff auf Bergen wurde ein Teil der norwegischen Wachtschiffe in den Sognefjord und den Hardangerfjord befohlen, wo sie den Bewachungsdienst zu versehen hatten. Dadurch wurde auch die Mobilmachung in diesen Bezirken sichergestellt. In Hardanger wurde eine äußere Sperre errichtet, die aus Torpedobooten und Kanonen bestand; die letzteren waren aus einem Fort an der südlichen Einfahrt nach Bergen »gestohlen« worden. Drinnen in den Fjorden kam es zu einer Reihe von Zusammenstößen. Die Norweger verloren die Torpedoboote Stegg und Säl, hatten aber keine Verluste an Menschenleben. Der Minenleger Tyr versenkte ein deutsches Motortorpedoboot und beschädigte ein bewaffnetes Fischerboot, so dass es an Land gesetzt werden musste. Schon vorher hatte man zwei feindliche Handelsschiffe genommen. In Hardanger vernichtete die norwegische Kriegsmarine auch eine Patrouille deutscher Motorradfahrer. Im Sognefjord wurde der Zerstörer Garm bombardiert. Er geriet in Brand und wurde an Land gesetzt. Die Besatzung konnte sich retten. Weil in jenen Gegenden keine weiteren Aufgaben zu erfüllen waren, wurden die norwegischen Schiffe in gutem Zustand anderswohin befohlen.

Einige der Schiffe, welche der Küste entlang postiert waren, mussten auf eigene Hand operieren. An einer Stelle zeichnete sich der Zerstörer Sleipner aus. Es gelang ihm u. a., vier bis fünf deutsche Flugzeuge abzuschießen. Der alte Zerstörer Draug, der aus Bergen entkommen war, kaperte ein deutsches Proviantschiff es war das große Schiff Mainz von 12 000 t. Das deutsche Schiff sollte als Prise nach England gebracht werden, wurde aber in der Nordsee von deutschen Luftstreitkräften angegriffen. Unter der deutschen Mannschaft kam es zur Panik. Der Zerstörer Draug rettete 67 Mann und führte sie als Gefangene nach England.

Er versenkte die schwer beschädigte Mainz und schloss sich darauf britischen Seestreitkräften an.

Draugs Schwesterschiff Troll kämpfte an der norwegischen Südküste. Damit das Schiff nicht in deutsche Hände falle, wurde es von der eigenen Besatzung versenkt. Die Geschütze und anderes Material wurden an Land gebracht, und die Mannschaft schloss sich den Landstreitkräften in Telemarken an. Der Minenleger Fröya, unter Befehl von Kapitän Schröder Nielsen, war von Agdenes aus in See gestochen und wurde von der Besatzung versenkt, um nicht Beute der Deutschen zu werden. Die gesamte Besatzung von 78 Mann gelangte über Fjorde und Berge nach Nord-Tröndelag, wo sie sich zum Dienst meldete. Im Romdalsfjord wurde ein norwegisches Torpedoboot zerstört und versenkt. Die Besatzung wurde gerettet. Im Osterfjord lag das Wachtschiff Öygaard; es wurde von zwei stark armierten deutschen Kuttern und einem alten Torpedobootzerstörer angegriffen. Öygaard nahm den Kampf an. Das norwegische Schiff legte sich an eine mächtige Felswand, die jäh aus dem Wasser emporstieg, eröffnete über eine Landzunge das Feuer und versenkte einen der deutschen Kutter. Später mussten sich die Norweger in den Mofjord hinein zurückziehen. Hier ging der deutsche Torpedobootzerstörer auf Grund und verstopfte die Einfahrt. Die Norweger gaben auch jetzt ihre Sache nicht verloren. Sie führten Geschütze und Waffen an Land und verschanzten sich zuhinterst im Fjord.

Einige Schiffe, die sich der Bombardierung nicht erwehren konnten, wurden von den eigenen Leuten versenkt, um nicht in deutsche Hand zu fallen. Dies war u. a. mit drei

Torpedobooten der Fall. Einige der norwegischen Schiffe wurden von den Deutschen genommen und mit deutscher Mannschaft und neuen Waffen in Dienst gesetzt. Einige Einheiten der norwegischen Marine schlugen sich nach Nordnorwegen durch und folgten später der norwegischen Regierung nach England. Im Ganzen war dies mit 13 Schiffen der norwegischen Marine der Fall. Das größte unter ihnen war das Wachtschiff Fridtjof Nansen von 1300 t.

Die wenigen Marineflugzeuge in Vestland begaben sich sogleich in die Fjorde. Sie wurden zur Aufklärung verwendet und auch, soweit dies möglich war, zur Bombardierung deutscher U-Boote. Norwegische Marineflugzeuge versenkten einen der wenigen kleineren norwegischen Minenleger, welche die Deutschen in Bergen erbeutet hatten.

Wer es früher nicht gewusst hat, hat während der Okkupation den Beweis dafür erhalten, dass die norwegische Küste außerordentlich günstige Verteidigungsmöglichkeiten bietet. Die Deutschen erlitten fühlbare Verluste – trotz der schwachen materiellen Ausrüstung der norwegischen Küstenverteidigung und trotz aller Mängel und Versäumnisse, welche sich im April 1940 zeigten. Die deutschen Verluste wären natürlich viel größer ausgefallen, wenn die maritime Verteidigung Norwegens mit Küstenbatterien, schnellfahrenden Schiffen, Marineflugzeugen und Fliegerabwehr besser und reichlicher ausgerüstet gewesen wäre, und wenn die militärischen Vorbereitungen und die Führung richtig funktioniert hätten. Eine wirksame norwegische Küstenverteidigung wäre für den Angreifer mit einem so hohen Risiko verbunden gewesen, dass er sich eine Aktion reiflich überlegt hätte.

Der Kampf um Narvik

In London hatte man große Mühe, sich mit der deutschen Landung bei Oslo, Bergen und Trondheim abzufinden; aber dass die deutsche Flotte auch bis Narvik vorgestoßen sei, das wollte man die längste Zeit nicht glauben. In seiner Unterhausrede vom 9. April sagte Chamberlain, es handle sich möglicherweise nicht um Narvik, sondern um Larvik, eine Ortschaft in Vestfold, gelegen am Eingang zum Oslofjord.

Schon lange vor der deutschen Okkupation war Narvik in der Großmachtpolitik ein bekannter Name. Dort lag der Erzhafen, den die Westmächte nicht mit freundlichen Augen sahen. Auch während des finnisch-russischen Krieges war von Narvik die Rede; dort sollte ein alliiertes Expeditionskorps an Land gesetzt werden. Narvik war nicht nur von entscheidender Bedeutung für das nordnorwegische Küstengebiet; wer sich dort festgesetzt hatte, konnte auch die englische Blockade des Nordatlantiks erschweren oder verunmöglichen. Strabolgi schreibt in seinem Buch »Narvik and after«: »Wenn es den Deutschen gelingt, Narvik zu besetzen und dort zu bleiben, so beherrschen sie unsere seestrategischen Verteidigungslinien in der Nordsee und im Atlantischen Ozean.«

Deshalb wurde der Kampf um Narvik zum dramatischsten und blutigsten Kapitel des norwegischen Krieges. Sobald die Engländer gemerkt hatten, dass kein Missverständnis vorlag – wie Chamberlain hatte glauben wollen –, schritt ihre Flotte zur Aktion. Am 10. und 13. April fanden die Seeschlachten um den Hafen Narviks statt, welche die Vernichtung der deutschen Zerstörerflottille zur Folge hatten. Der Befehlshaber dieser Flottille, Kommandant Bonte, war einer der Offiziere, die an diesen Kämpfen teilnahmen.

Bevor wir die Kämpfe um Narvik behandeln, müssen wir auf die Ereignisse vom 8. und 9. April zurückgreifen. Am Nachmittag des 8. kam eine große deutsche Walkocherei in Narvik an. Im Buche »Narvik« von Korvettenkapitän Otto Busch steht von ihr folgendes: »Das wackere deutsche Walfangmutterschiff Jan Wellern, das mit Proviant und Brennstoff schon längere Zeit im nördlichen Eismeer kreuzte, ehe es am Nachmittag des 8. April, einen Tag vor Einlaufen unseres Zerstörerverbandes, in den Hafen von Narvik einlief.« Nach norwegischer Darstellung sollen sich auch Munition und Waffen an Bord der Jan Weilern befunden haben. Ferner ist behauptet worden, am Abend des 8. seien zwei deutsche Lastdampfer eingetroffen, die sich der Zollvisitation entzogen und Militär an Bord hatten. Am nächsten Morgen um 5 Uhr erschienen dann die deutschen Zerstörer, welche die Panzerschiffe Norge und Eidsvold versenkten.

Der damalige Kommandant in Narvik, Oberst Sundlo, hat im Juli 1940 die Haltung, die er anlässlich der deutschen Besetzung eingenommen hatte, in einer Rede im norwegischen Radio verteidigt. Einleitend wies er darauf hin, wie schwach die Verteidigungsmittel waren, über welche er verfügte. Sie bestanden aus einer älteren Festungskanone, einer Kompanie Infanterie, einer Pionierkompagnie, einer schwachen Fliegerabwehrbatterie plus einem Infanteriebataillon, das am Abend des 8. April von Elvegaardsmoen herbeigezogen wurde. Des weitern behauptete Sundlo, er sei am Abend des 8. vom Divisionskommandanten unterrichtet worden, dass sich deutsche und englische Seestreitkräfte auf der Fahrt nordwärts befänden und um Mitternacht in Ofoten erwartet werden könnten. Auf die Deutschen sei zu schießen, aber nicht auf die Engländer, soll laut Sundlo das Divisionsbureau telephonisch mitgeteilt haben.

Interessanter als diese Behauptung ist jedoch die Beschreibung, die Oberst Sundlo vom Empfang der Deutschen in Narvik gegeben hat. Zwischen 5–$^{1}/_{2}$6 Uhr trat der Oberst auf den Hof hinaus und vernahm bei dieser Gelegenheit das Kampfgetöse, das von der Versenkung der beiden norwegischen Panzerschiffe herrührte. Gleichzeitig wurde er davon benachrichtigt, dass deutsche Truppen im Hafen an Land stiegen. Major Spjeldnes hatte sein Bataillon aufgestellt und erteilte ihm Befehl, sich zum Vorrücken gegen den Hafen bereit zu machen und die Deutschen zurückzuwerfen. Zu diesem Zeitpunkt tauchten die ersten Deutschen auf. Oberst Sundlo berichtet, dass er zusammen mit dem Major den Deutschen entgegenging und ihnen zuwinkte, sie möchten anhalten. Er erklärte, die norwegischen Truppen würden das Feuer eröffnen, sofern sie – die Deutschen – nicht augenblicklich die Stadt verließen. Er setzte eine Frist von 30 Minuten fest. Während dieser Zeit telefonierte der Oberst an den Divisionsstab, berichtete über die Lage und fragte den Stab an, ob er eine Mitteilung zu machen habe. Es wurde die Antwort erteilt, dass er – Sundlo – selbst die Verantwortung trage. Im Bericht von Oberst Sundlo steht weiter, dass er – Sundlo – daraufhin zu dem oben erwähnten Bataillon zurückkehrte und dabei mit dem deutschen Kommandanten, Generalleutnant Dietl, zusammentraf, der zusammen mit seinem Stab in vorderster Linie vorrückte. In der Gesellschaft des deutschen Generals befand sich auch der deutsche Konsul in Narvik. General Dietl äußerte sich, der Oberst dürfe es nicht zu einem Blutvergießen kommen lassen, nachdem ja Oslo, Kristiansand, Stavanger, Bergen und Trondheim besetzt worden seien und eine deutsche Division in Ofoten an Land gestiegen sei. Oberst Sundlo überlegte sich da die Lage. Er sah, wie die deutschen Kolonnen mit Gewehren und Handgranaten bewaffnet ausschwärmten, und stand vor der Tatsache, dass eine Menge unschuldiger Zivilisten getötet würden. Deshalb erteilte er dem deutschen Befehlshaber die Antwort, er wolle die Stadt übergeben.

So kam es zur Kapitulation von Narvik. Oberst Sundlo wurde darauf seines Kommandos enthoben. Von Vidkun Quisling wurde er zum »Reichsredner« (risktalare) und »Hirdenführer« (hirdchef) ernannt; später wurde er Leiter eines neuen Reichspolizeikorps.

Zur Bewachung der englischen Minenfelder lag außerhalb der nordnorwegischen Küste eine englische Flottenabteilung, unter Befehl von Kapitän zur See B. A. W. Warburton-Lee. Sie bestand aus den Zerstörern Hardy, Hunter, Havoc, Hostile und Hotspur. Als Kapitän Warburton-Lee von der deutschen Besetzung Narviks Kenntnis bekommen hatte, ließ er bei der britischen Admiralität anfragen, ob er zum Angriff schreiten solle. Der Admiral antwortete, er solle auf eigene Verantwortung handeln. Eine halbe Stunde später erhielt die Admiralität die Meldung: der Angriff wird eingeleitet. Um 3 Uhr liefen die fünf Zerstörer in den Ofotfjord ein.

Weder die Admiralität noch der Befehlshaber der Zerstörer war über die Stärke der in Narvik befindlichen deutschen Seestreitkräfte genügend orientiert. Die Engländer waren im Glauben, es handle sich um sechs Zerstörer; aber später wurde festgestellt, dass es neun waren. Die Deutschen selbst geben eine Zahl von zehn an. Außerdem waren deutsche U-Boote nach Narvik vorgedrungen. Die Zerstörer waren sämtliche moderner Art. Sie waren 1939 fertiggestellt worden und maßen 1800 t. Von den englischen Zerstörern war Hardy, die 1936 fertig wurde, von 1500 t und die vier übrigen von je 5330 t. Der englische Angriff vom 9. April war somit ein großes Wagnis und hatte auch beträchtliche englische Verluste zur Folge.

Plangemäß sollten die englischen Zerstörer »en échelon« in den Ofotfjord einlaufen. Der Kampf sollte mit Artilleriefeuer eingeleitet werden, und darnach sollten die Schiffe eine Schwenkung vollziehen, um die Torpedos abzufeuern, worauf das Manöver wiederholt werden sollte. Dieser Plan ließ sich jedoch nicht durchführen; denn es lagen zuviel Schiffe im Hafen, so dass für das Manövrieren nicht genügend Platz vorhanden war. Die Engländer formierten sich deshalb in »single file«, die Hardy an der Spitze.

Hardy drehte ab, feuerte zu drei Malen Torpedos ab und versenkte dabei einen der deutschen Zerstörer durch Torpedotreffer mittschiffs. Auf einem anderen deutschen Zerstörer war Feuer ausgebrochen, und mehrere Transportschiffe gingen auf Grund. Das Schicksal der Hardy war besiegelt, als drei deutsche Zerstörer aus dem Rombakfjorde herankamen und das Feuer eröffneten. Der Engländer erhielt Treffer auf die Kommandobrücke. Alle Offiziere und Matrosen, die sich dort aufhielten, wurden entweder getötet oder schwer verletzt. Das Feuergefecht nahm jedoch seinen Fortgang, bis von Kommandant Warburton-Lee der Befehl eintraf: »Abandon ship, every man for himself, and good luck.« Der Versuch, den verwundeten Befehlshaber an Land zu bringen und zu retten, missglückte; er starb unterwegs. Die Überlebenden der Hardy schwammen an Land, erhielten von der norwegischen Bevölkerung auf Ballangen Hilfe und wurden nach der zweiten Seeschlacht bei Narvik heim nach England geführt.

Außer Hardy wurde auch Hunter versenkt, Hotspur schwer und Hostile leicht beschädigt. Die übriggebliebenen Zerstörer fuhren in den Vestfjord hinaus und versenkten unterwegs das deutsche Munitionsschiff Rauenfels. Laut englischen Angaben wurden während der beiden Seeschlachten bei Narvik acht deutsche Transportschiffe von insgesamt 52 000 t versenkt. Sechs davon wurden am 10. April versenkt, wobei auch die Kaianlagen übel zugerichtet wurden. Während des Kampfes selbst wurden zwei deutsche Zerstörer versenkt; ein dritter wurde so schwer beschädigt, dass er tags darauf aufgegeben werden musste.

Als die Engländer am Sonnabend dem 13. April den Angriff erneuerten, erschienen sie mit überlegenen Seestreitkräften, nämlich mit dem Schlachtschiff Warspite unter Kommando von Admiral Whitworth und neun Zerstörern. Warspite war 1915 in den Dienst gesetzt, aber 1934 vollständig modernisiert worden. Die Zerstörer waren Icarus, Hero, Foxhound, Kimberley, Forrester, Bedouin, Punjabi, Eskimo und Cossack. Es ist möglich, dass in Bezug auf einen der Zerstörer eine Verwechslung vorliegt, so dass es Ivanhoe war, der am Kampfe vom 13. April teilnahm.

Die vier Flugzeuge, die sich an Bord der Warspite befanden, eröffneten den Angriff und flogen gegen Narvik. Während des ganzen Kampfes zeigte sich nur einmal ein Heinkelbomber, der von der Fliegerabwehr der Warspite vertrieben wurde. Für die Lage im Abschnitt von Narvik war ja überhaupt kennzeichnend, dass sich hier die Deutschen nicht, wie in Südnorwegen, hatten Flugbasen verschaffen können. Der Flugplatz bei Bardu, sechzig bis siebzig Kilometer nördlich von Narvik, war von den Norwegern mit Baumstämmen bedeckt und auf diese Weise gerettet worden. Mit ihren Basen in Süd- und Mittelnorwegen konnte die deutsche Luftwaffe für Narvik nicht dieselbe Rolle wie für andere Frontabschnitte spielen.

Zuerst versenkten die Engländer einen deutschen Zerstörer, der im westlichen Teil des Ofotfjords Wache hielt. Übrig blieben also sechs deutsche Zerstörer; von ihnen traten in der ersten Runde drei in Aktion. Die übrigen drei, welche im Hafen von Narvik lagen, waren mit den Reparaturarbeiten noch nicht richtig fertig geworden. Einer von ihnen wurde am Erzkai, ein anderer im Herdangerfjorde zum Sinken gebracht. Die übrigen vier flüchteten sich in den Rombakfjord; die Engländer folgten nach, wurden jedoch an der Verfolgung gehindert, weil sich der letzte deutsche Zerstörer an der schmalsten Stelle quer über den Ford legte. Dieser Zerstörer war schon vorher schwer beschädigt worden; er wurde erneut unter Feuer genommen und ging auf Grund. Unterdessen versuchten die übrigen drei Zerstörer, so tief wie möglich in den Fjord hineinzufahren, um die Besatzung an Land zu setzen und möglichst viel Material und Munition zu retten. Darauf erteilte der deutsche Kommandant Befehl, die Schiffe zu versenken.

In diesem Gefechte hatte Warspite auch die Küstenbatterien angegriffen. Die Deutschen hatten die norwegischen Batterien übernommen und auch einige eigene Geschütze an Land gebracht. Nach deutschen Angaben wurde die schwere Batterie, welche bei der Verteidigung Narviks Verwendung finden sollte, unterwegs von den Engländern versenkt; dies war wohl der Hauptgrund, dass der britische Angriff vom 13. April glückte.

In der zweiten Schlacht um Narvik wurden drei der englischen Zerstörer beschädigt; darunter befand sich die Cossack, die bei den Deutschen besonders verhasst war; denn dieses Schiff hatte seinerzeit die Altmark im Jössingfjorde aufgebracht.

Die englische Flotte begnügte sich nicht mit dem Kampfe vom 13. April. Am 20., 21., 22., 24., 25. und 26. April nahmen englische Kriegsschiffe Narvik unter Feuer. Auch britische Bombenflugzeuge griffen mehrere Male in den Kampf ein. Der Hafen von Narvik verwandelte sich in einen großen Schiffsfriedhof. Ungefähr 40 Schiffe – darunter so deutsche Zerstörer und 16 andere Schiffe – lagen dort auf dem Meeresgrunde. Sie hatten eine Tonnage von ungefähr 150 000 t und einen Wert von 1½–2 Milliarden Schweizerfranken.

Nach diesen Kämpfen sah sich das Expeditionskorps General Dietls vollständig isoliert. Die englische Kriegsmarine hatte starke Kräfte eingesetzt, und deshalb konnten die Deutschen auf dem Seewege keine Verstärkungen heranbringen. Trotzdem hielten sie die Stadt bis Ende Mai. Die Mannschaften, die bei der Versenkung der Zerstörer gerettet worden waren, beteiligten sich an den Kämpfen zu Lande. Sie wurden als Regiment Berger organisiert und hatten die Aufgabe, die Erzbahn zwischen Narvik und Riksgränsen zu halten.

Der weitere Kampf um Narvik wurde einerseits vom verstärkten Expeditionskorps General Dietls und anderseits von norwegischen und alliierten Truppen geführt. Gleich nach dem 9. April bezogen die Norweger in der Gegend von Narvik neue Verteidigungsstellungen. Am 14. April erschienen die Engländer in Harstad. Später langten auch französische Alpenjäger und polnische Gebirgstruppen an. In diesem Gebiete gelang den Norwegern und den Alliierten die einzige wirkliche Wiedereroberung während des Krieges: am 28. Mai wurde Narvik wiedergenommen.

Der Plan General Ruges

Am 11. April wurde eine offizielle Mitteilung erlassen, der König habe tags zuvor im Staatsrate dem kommandierenden General Laake wegen erreichter Altersgrenze den Abschied bewilligt. Auch diese Tatsache, dass man bei Kriegsausbruch gezwungen war, einen neuen kommandierenden General zu ernennen, zeigt deutlich, unter was für ungünstigen Umständen die norwegische Armee in den Krieg treten musste. Der am 10. April ernannte Oberbefehlshaber war Oberst Otto Ruge, geboren 1882 in Oslo, Generalstabschef seit 1933 und Generalinspektor der Infanterie seit Herbst 1938.

Zwei Tage nach dem Beginn der deutschen Operationen gegen Norwegen trat Generalmajor Ruge seinen Posten an. Er sah sich da vor die heikle Aufgabe gestellt, mit einer improvisierten Verteidigung militärischen Widerstand leisten zu müssen. Eine geordnete Mobilmachung der Armee in Südnorwegen war unmöglich; denn in den südlichen Teilen des Landes waren viele norwegische Lagerbestände den Deutschen in die Hände gefallen. Das Oberkommando, sämtliche fünf südlichen Divisionskommandos und eine Reihe von Regimentsstäben hatten ihre

Der Oberbefehlshaber der Königlichen Norwegischen Armee, General Otto Ruge. General Ruge ergab sich mit den Resten seines Heeres in der nördlichen Stadt Tromsö am 9. Juni 1940 nach einem zweimonatigen heldenmütigen Kampf gegen eine überwältigende Übermacht.

Standquartiere verlassen müssen; Schriftstücke und Akten, welche die Mobilmachung betrafen, waren in deutsche Hände gefallen.

Aber auch andere Faktoren erschwerten die Mobilmachung. Der Mobilmachungsbefehl wurde am frühen Dienstagmorgen erlassen. Dieser Befehl erreichte nicht alle Truppenabteilungen. An vielen Orten erhielt man von der Mobilmachung nur Kenntnis durch einen Passus in einem Interview, das Außenminister Koht am Dienstagmorgen einigen Journalisten gewährt hatte und durch den Osloer Radio wiedergegeben worden war; der norwegische Außenminister hatte in diesem Interview mitgeteilt, die allgemeine Mobilmachung sei anbefohlen. Gleich darauf wurden jedoch der Osloer Radio und mehrere lokale Sender in Südnorwegen von den Deutschen besetzt: sofort wurden vom Gegner Meldungen ausgesandt, der Mobilmachungsbefehl sei widerrufen worden. Mehrere wichtige telegraphische und telephonische Verbindungen wurden unterbrochen.

An einige Offiziere wurden auch gefälschte Telegramme geschickt. Darüber steht in der schon erwähnten Broschüre von Herman K. Lehmkuhl folgendes: »Es herrscht kein Zweifel darüber, dass in den ersten Tagen, aber erst nachdem die Deutschen in Oslo die Macht an sich genommen hatten, an einige militärische Befehlshaber gefälschte Telegramme im Namen Außenminister Kohts gerichtet wurden, u. a. des Inhalts, der Mobilmachungsbefehl sei widerrufen worden. Der Kommandant der ersten Division, General Erichsen, erhielt z. B. ein solches Telegramm; aber er – wie auch andere – nahm mit Recht an, dass Verfälschungen vorliegen könnten, und berücksichtigte solche Telegramme nicht. Er und andere waren auch der Ansicht, ein militärischer Befehl müsse vom Kriegsdepartement und nicht vom Außenminister des Landes herstammen.«

Am Nachmittag des 9. April bildete Vidkun Quisling in Oslo eine sogenannte »Nationale Regierung«. Am selben Tage erließ er an alle militärischen Befehlshaber und Wehrpflichtigen folgenden Befehl: »Die allgemeine Mobilmachung, welche die Regierung Nygaardsvold vor ihrer Flucht in Gang gesetzt hat, wird augenblicklich eingestellt. Alle Einberufenen werden sofort heimgeschickt; Einberufene, die sich auf dem Weg nach ihrem Mobilmachungsplatz befinden, kehren in ihre Heimatorte zurück.« Ferner erließ Quisling einen Aufruf an das norwegische Volk; darin stand u. a.: »Da und dort versucht die fliehende Regierung, die Mobilmachung fortzusetzen und den Widerstand zu organisieren. Ich meinerseits wiederhole, dass dies ein verbrecherisches und vollkommen sinnloses Spiel mit Menschenleben ist. Wird es nicht unmittelbar eingestellt, so können die Verantwortlichen und Beteiligten wegen Mord vor Gericht gestellt werden.«

Einige Tage später erließ der deutsche Befehlshaber einen Aufruf, der u. a. von Flugzeugen in den unbesetzten Gegenden des Landes abgeworfen wurde: »... Wer den von der geflohenen Regierung erlassenen Mobilmachungsbefehl unterstützt oder falsche Gerüchte verbreitet, wird vor Kriegsgericht gestellt. Jede Zivilperson, auf der Waffen gefunden werden, wird erschossen. Wer Anlagen und Einrichtungen, die dem Verkehr und dem Nachrichtenwesen dienen, zerstört, wird erschossen. Wer Kampfmittel verwendet, die mit dem Völkerrecht in Widerspruch stehen, wird erschossen.« Bereits am 12. April hatte der deutsche Kommandant in Oslo, Generalmajor Engelbrecht, folgendes bekanntgegeben: »Die ersten Franktireurs und Saboteure sind schon verhaftet und nach internationalem Recht von einem Kriegsgericht zum Tode verurteilt worden. Sie sind stehenden Fußes erschossen worden.«

General Carl Erichsen, Kommandant der ersten norwegischen Division, hat nach dem Kriege in einem Bericht auf einige Schwierigkeiten hingewiesen, die sich anlässlich der Mobilmachung selbst bemerkbar machten. Nach den Erfahrungen, welche einige Bataillone bei Kriegsausbruch im September 1939 gemacht hatten, war die Mobilmachungszeit zu knapp bemessen. Es zeigte sich damals, dass die zuerst mobilisierten Streitkräfte der ersten Division erst sieben Tage nach Erlass des Mobilmachungsbefehles bereit stehen konnten. Am 9. April 1940 stand eben nicht soviel Zeit zur Verfügung.

Oberst Getz hat über die Operationen in Nord-Tröndelag ein Buch herausgegeben und darin auf andere Mängel hingewiesen. Er berichtet, dass nur die Feldstreitkräfte, nicht aber die Übungsdetachemente, sich bei »allgemeiner Mobilmachung« einzustellen hatten. Dies hatte zur Folge, dass die Mannschaft der Übungsdetachemente nach dem 9. April sich teils einstellte, teils zu Hause blieb. Anfänglich wurden sogar diejenigen, welche sich eingestellt hatten, von den zuständigen Offizieren in Übereinstimmung mit den geltenden Bestimmungen nach Hause geschickt. Trotz Mangel an Kader, Material und Munition wurden später diejenigen, welche sich eingestellt hatten, zurückbehalten, damit die Verwirrung, die durch den Demobilmachungsbefehl Major Quislings entstanden war, nicht noch vermehrt würde.

In ganz Südnorwegen konnten nur die Streitkräfte in Voß (4. Division) und in Romsdal (I.R. 11) eine einigermaßen geordnete Mobilmachung durchführen. Auch dort, wo die Mobilmachungsplätze außerhalb des besetzten Gebietes lagen, wurde die Mobilmachung meist durch Bombenangriffe auf die Lagerbestände verhindert, z. B. in Elverum, auf Helgelandsmoen und auf Hvalsmoen. An mehreren Stellen wurden die Wehrpflichtigen auf dem Wege zum Mobilmachungsplatz angehalten und nach Hause geschickt. Dies geschah z. B. am Donnerstag dem 10. mit 500 Mann, die sich auf dem Wege nach Gardermoen befanden. In einzelnen Fällen wurde die Mannschaft drei- bis viermal demobilisiert, bis sie endlich norwegische Streitkräfte erreichte. Die einzelnen Leute und Detachemente, die dem Aufruf zur Verteidigung des Vaterlandes nachgekommen waren, mussten mancherorts während der Besammlung kämpfen oder sich durch die deutschen Linien schleichen. Vom Zufall, von der persönlichen Initiative und vom Einsatz des Einzelnen hing vieles ab.

Der Staatsrat, der Oberst Ruge zum kommandierenden General ernannt hatte, wurde in Nybergsund in Trysil abgehalten. Der Generalstab befand sich zu jenem Zeitpunkt auf Rena im Österdal. Dort stand das Oberkommando mit leeren Händen und war von den verschiedenen Heeresabteilungen ziemlich isoliert. Man wusste am 11. April, dass rings um Oslo, von Eidsvold im Osten bis Solihögda im Westen, zerstreute norwegische Abteilungen versuchten, den deutschen Vormarsch aufzuhalten. Bei Elverum besammelten sich Abteilungen von I.R. 5. Über die Situation bei Kongsvinger und in Östfold wusste man nichts. Auch über die Lage in Telemarken, in Sörland und bei Stavanger besaß man keine Nachrichten. Hingegen hatte man über die Verhältnisse in Tröndelag Bericht erhalten, und man wusste, dass die 4. Division in Voß und I.R. 11 in Romsdal zu mobilisieren versuchten. Es dauerte eine Woche und teilweise noch länger, bis man auf Umwegen und durch ausgeschickte Offiziere sich über die übrigen Heeresabteilungen Klarheit verschafft hatte. Wie man erfuhr, stand die 3. Division im Setesdal und östlich von Stavanger. Teile der 5. Division standen bei Stören und in Inntröndelag. Das Oberkommando wusste jedoch nicht, wie stark die Streitkräfte waren und über wieviel Waffen und Munition sie verfügten. Weil das Oberkommando so wenig wusste, so wussten einzelne örtliche Befehlshaber noch weniger über die Vorgänge außerhalb ihres eigenen Abschnittes. Günstiger stand es in Nordnorwegen. Die deutschen Streitkräfte in Narvik waren isoliert, und ein Teil der 6. Division war früher mobilisiert worden.

Das norwegische Oberkommando musste versuchen, im Inneren des Landes »Hauptstreitkräfte« zu konzentrieren – ohne Rücksicht auf die isolierten Streitkräfte, mit denen fast keine Verbindung bestand und die nur geringe Aussicht hatten, etwas Wesentliches ausrichten zu können. Den Kern dieser Hauptstreitkräfte bildete die 2. Division unter Generalmajor Hvinden Haug. Diese Division bestand zum größten Teil aus Wehrpflichtigen und Freiwilligen von Hedmark und Oppland und außerdem aus denjenigen Freiwilligen, die aus bereits besetzten Städten und Gegenden glücklich entkommen waren. Dazu kamen die Detachemente, die aus Vestland herangezogen wurden.

Was für eine Art »Armee« dabei entstand, hat General Ruge in einer Übersicht über die Kämpfe in Südnorwegen geschildert: »Aus Oslo strömten hunderte von Männern herbei, die dort nicht mobilisiert werden konnten, weil die

Deutschen die Stadt besetzt hatten. Sie besammelten sich um diesen oder jenen zufälligen Befehlshaber und bildeten eine »Kompanie«. Sie vereinigten sich mit anderen ähnlichen Scharen aus anderen Gegenden in Östland und formierten ein »Bataillon«, wobei irgend ein Offizier das Kommando übernahm. Der Zufall führte Infanteristen, Artilleristen, Matrosen und Flieger zu einer Kompanie zusammen. Durch eine glückliche Fügung verfügte man sogar über Autos und Chauffeure, die man weiß Gott wo aufgetrieben hatte. Aus diesen Abteilungen entstanden nach und nach Kampfgruppen. Die Intendantur wurde improvisiert und sorgte für die Verpflegung; die Frauen auf den Höfen kochten und waren der Truppe behilflich. Sanität hatten wir keine; dank der Erfindungskunst energischer und initiativer Ärzte entstand sie gleichsam aus dem Nichts.«

Der strategische Plan musste sich auf folgenden Überlegungen aufbauen: Erstens war es unmöglich, mit den oben geschilderten Streitkräften zur Offensive überzugehen. Zweitens bestand die begründete Hoffnung, dass die Alliierten schnelle und wirksame Hilfe bringen würden. Gleich nach dem Beginn der deutschen Besetzung hatten die englische und die französische Regierung Hilfe versprochen. Drittens waren offenbar die norwegische Regierung und das norwegische Oberkommando einerseits und die englische Regierung anderseits darin einig, dass die Intervention der Alliierten am leichtesten in Tröndelag vor sich gehen könnte. Der Abschnitt von Trondheim sollte durch eine kombinierte Operation britischer Seestreitkräfte und norwegischer und alliierter Landstreitkräfte wiedergenommen werden. Viertens mussten die Norweger es im Innern des Landes verhindern, dass die von Oslo her vorrückenden deutschen Streitkräfte die Verbindung mit den Deutschen in Trondheim herstellten. Ebenso musste verhindert werden, dass die Okkupationsarmee zwischen Oslo und Bergen eine Verbindung zu Land erhielt. Man durfte auch daran denken, später einmal von den Stellungen in Tröndelag zur Offensive gegen andere Punkte in Südnorwegen überzugehen.

General Ruge hat seinen Plan definiert wie folgt: »Mit unseren schwachen improvisierten Streitkräften, die praktisch genommen keine Artillerie besaßen, durften wir uns in keinen entscheidenden Kampf einlassen, bevor nicht die Alliierten herangekommen waren. Wir mussten versuchen, den Widerstand aufrecht zu erhalten, d. h. wir mussten jede Stellung verteidigen, bis der deutsche Druck zu stark wurde, uns darauf schnell und weit auf neue Stellungen zurückziehen, dort das Spiel wiederholen und diese Taktik solange anwenden, bis die alliierten Streitkräfte herangekommen waren.«

Dieser Plan bildete den Hintergrund zum norwegischen Rückzuge aus den Stellungen vor Oslo (Eidsvold-Harestua-Solihögda) über Hamar und Lillehammer ins Gudbrandsdal und nach Dovre. Detachemente aus Voß und Romsdal wurden als Verstärkungen für diese Defensivoperationen nach Östland befohlen.

Doch auch die Deutschen hatten einen Plan. Es dauerte nicht sehr lange, so hatten sie begriffen, was die Norweger strategisch beabsichtigten. Der Gegenspieler Ruges war der deutsche Oberbefehlshaber, der damalige General der Infanterie und spätere Generaloberst Nikolaus von Falkenhorst. Er nahm als Generalstabsoffizier am vorigen Weltkriege teil, befand sich 1918 im Stabe des deutschen Generals von der Goltz in Finnland, war später Militärattaché in Prag, Belgrad und Bukarest und darnach Kommandant eines Armeekorps während des polnischen Feldzuges.

Falkenhorst wusste genau, dass Trondheim ein äußerst exponierter Platz war. Dort waren die deutschen Truppen relativ schwach. Dort waren sie auch isolierter als an anderen Stellen. Deshalb wurde sofort auf dem Luftwege der permanente Transport von Material und Truppen eingerichtet, wobei u. a. mehrere tausend Mann nach Trondheim geführt wurden. Darauf trachtete man vor allem danach, die Landstraßenverbindung mit Trondheim in Ordnung zu bringen. Gleichzeitig wurden deutsche Truppen eingesetzt, um die Verbindung von Oslo mit der schwedischen Grenze, den südwestlichen Küstenstädten und Bergen sicherzustellen. Aber die Hauptaufgabe auf deutscher Seite bestand darin, zwischen Oslo und Trondheim eine zusammenhängende Verbindungslinie herzustellen. Die deutschen Truppen in Trondheim erhielten Befehl, einen »Igel« zu bilden und sich nur ausnahmsweise auf die offensive Defensive einzulassen. Inzwischen rückte eine starke motorisierte Division unter General Pellengahr gegen Norden vor.

Es kam zu einem »ununterbrochenen Wettrennen mit der Zeit«, wie sich Ruge geäußert hat, »auf der einen Seite die Deutschen, die einen immer stärkeren Druck ausübten, auf der anderen Seite die Alliierten, die uns zu Hilfe kommen sollten«. Seit dem 15. April wurden alliierte Truppen an Land gesetzt, zuerst in Namsos und ein paar Tage später auch in Aandalsnes. Am 18. erreichten die Deutschen Hamar, am 22. nahmen sie Lillehammer.

Die norwegischen Soldaten gaben oft ihrer großen Enttäuschung Ausdruck, wenn sie Befehl erhielten, teils recht starke Stellungen zu verlassen und sich zurückzuziehen. Die andauernden Rückzugsbewegungen aus Stellungen, die mehrere Tage hätten gehalten werden können, hatten zur Folge, dass die norwegischen Soldaten ihre Offiziere verdächtigten und glaubten, es sei Verrat im Spiele. Es ist jedoch Tatsache, dass ein solcher Argwohn in den meisten Fällen unberechtigt war. Vor den Rückzugsbefehlen standen die Offiziere ebenso verständnislos wie die Soldaten da, falls sie nicht im Voraus den Zusammenhang zwischen diesen Dispositionen und den Offensivplänen gegen die Deutschen in Tröndelag begriffen hatten.

Der Rückzug vollzog sich indes in so schnellem Tempo und die alliierte Hilfe war so wenig wirksam, dass der Plan General Ruges zum Scheitern gebracht wurde und der ganze Kampf in Südnorwegen um den 1. Mai aufgegeben werden musste. Nach dem ersten Zusammenstoß zwischen deutschen und englischen Truppen hoffte man für die nächsten Tage und Wochen immer noch auf vermehrte englische und französische Hilfe. Man glaubte, dass bis jetzt nur die Vorhut in Namsos an Land gesetzt und ein Detachement davon ins Gudbrandsdal geschickt worden sei. Auch hatten die Alliierten versprochen, Flugzeuge zu schicken, sobald die Flugplätze in Ordnung gebracht worden wären. Die Aktion der englischen Flotte gegen Trondheim wurde für die nächsten Stunden erwartet. Deshalb schrieb General Ruge noch am 27. April in einem Tagesbefehl an die norwegischen Truppen: »Von heute an wird in Norwegen nicht mehr retiriert ...« Immer noch hoffte man, der Feldzug in Norwegen stehe vor einem Wendepunkt. Aber dann erhielt die norwegische Regierung am 28. eine Mitteilung, aus der hervorging, dass die Alliierten den Trondheim-Plan aufgegeben hatten und sich auf den Rückzug aus Südnorwegen vorbereiteten. Und danach folgte für die norwegischen Soldaten die fürchterliche Enttäuschung, als die Alliierten am 1. und 2. Mai das Land verließen. Dies musste die Kapitulation der norwegischen Streitkräfte nach sich ziehen.

»Es waren drei harte Wochen für die schwachen norwegischen Truppen, die ununterbrochen, Tag für Tag, Nacht für Nacht, in der vordersten Linie standen und gegen schwere Artillerie und Kampfwagen zu kämpfen hatten. Dazu kamen noch die fürchterlichen Angriffe der deutschen Bombenflugzeuge. Wir besaßen rein nichts zur Abwehr, keine Panzerabwehrkanonen, keine Fliegerabwehr und keine Jagdflugzeuge«, berichtete General Ruge, als er in Nordnorwegen anlangte; und er fügte hinzu: »Mag sein, dass vieles hätte besser getan werden können, dass einige versagt haben, von denen man hätte mehr erwarten dürfen, dass viele wussten, dass wir nicht auf Krieg eingestellt waren. Aber eines steht auf alle Fälle fest: In diesen Wochen ist mein Glaube an unser Volk, an seine Opferbereitschaft, an seine Zähigkeit, an seine Treue und an seine Zuversicht gewachsen.«

Die Hauptkämpfe in Östland

In den ersten Tagen nach der Besetzung Oslos konnte von eigentlichen Stellungen in Östland nicht die Rede sein. In aller Eile gingen die Norweger daran, Truppenabteilungen aufzustellen. Da und dort wurden Straßen gesperrt und Brücken gesprengt. Bevor die Deutschen an größere Landoperationen denken konnten, mussten sie aus Oslo Verstärkungen heranbringen. Unterdessen fanden auch die neuen Verhandlungen zwischen König Haakon und dem deutschen Gesandten statt. Nach dem Bombardement von Elverum und Nybergsund konnten sie als abgeschlossen betrachtet werden. Die Grenze zwischen den besetzten und den unbesetzten Gegenden war nicht leicht zu erkennen. An einzelnen Stellen konnte es passieren, dass eine deutsche Abteilung tief ins Land hineingefahren war, aber von einer freiwilligen norwegischen Abteilung gestellt wurde und sich für den Augenblick zurückziehen musste. Noch bis Donnerstag den 11. bestanden Eisenbahnverbindungen zwischen Oslo und einigen unbesetzten Gebieten. In Kongsvinger wurde eine größere Abteilung von internierten Deutschen – vor allem die Prisenmannschaft der City of Flint – vom norwegischen Kommandanten auf freien

Fuß gesetzt; sie reisten nach Oslo. Einzelne Ortschaften wurden von ganz geringen deutschen Streitkräften besetzt. Das erste Mal waren es nur 20 deutsche Soldaten, die Drammen besetzten.

Von Donnerstag an ließ sich die Lage besser überblicken. Von Oslo schickten die Deutschen auf den Straßen nach Bergen und Trondheim vier Kolonnen vor. Die erste Kolonne fuhr nach Eidsvold am Südende des Mjösasees. Die zweite rückte durch das Hakadal gegen Harestua-Grua-Roa vor. Die dritte marschierte nordwestwärts über Vestre Bärum gegen Solihögda in Richtung Hönefoß. Gleichzeitig stieß auch von Drammen aus eine deutsche Truppenabteilung über Hoksund-Aamot gegen Hönefoß vor. Und die vierte Kolonne zog in nordöstlicher Richtung gegen Kongsvinger, um von dort aus weiter gegen Elverum vorzustoßen. Die Stellungen östlich des Mjösasees hielten nur etwas länger als eine Woche stand. Die ersten norwegischen Stellungen waren bei Eidsvold errichtet worden; als jedoch der Feind mit größeren Streitkräften heranrückte, wurden sie nach Minnesund zurückgelegt. Dort kam es zu harten Kämpfen; die Brücke bei Minriesund wurde gesprengt, und die Deutschen erlitten fühlbare Verluste. Der deutsche Druck wurde jedoch zu heftig, besonders deshalb, weil die Norweger gegen die Bombenflugzeuge wehrlos waren; man zog sich also nordwärts auf neue Stellungen bei Strandlökka, Espa und Stange zurück. Am Donnerstag dem 18. April erreichten die Deutschen Hamar, das kampflos eingenommen wurde. Die norwegischen Streitkräfte östlich des Mjösasees bestanden aus Mannschaften von I.R. 4 und I.R. 2 (das Jägerkorps) und einer Anzahl Gardisten.

Gardermoen, das gleich südlich von Eidsvold liegt, wurde am Donnerstag dem 11. bombardiert. Die Strohvorräte verbrannten; aber alles Material war rechtzeitig weggebracht worden. Über 50 Pferde der Kavallerie-Reitschule waren am Dienstag aus Oslo weggeführt und in der Umgebung von Nannestad untergebracht worden. In der Nacht auf Sonnabend brach eine Batterie von ca. 35 Mann von Nannestad auf und marschierte gegen Hellern. Von dort aus rückte sie nach Gran vor und beteiligte sich an den Kämpfen westlich des Mjösasees. Von der Artillerie, die von Gardermoen gerettet worden war, rückte eine Batterie von vier Geschützen nordwärts nach Hurdal vor.

Auf der Westseite des Mjösasees operierte ein Detachement von I.R. 4. Eine Kompanie auf dem Streifjell wurde am Montag dem 15. zurückgeworfen. Die Deutschen setzten dort stärkere Streitkräfte ein, die über das Gebirge kletterten und so die Norweger aus ihren Stellungen vertrieben. Die Rückzugsbewegungen vollzogen sich unter starkem feindlichen Druck; einige Soldaten der Kompanie warfen Gewehr und Munition weg und zogen sich in den Wald zurück. Norwegische Verstärkungen, die indes zu schwach waren, errichteten bei Skreia neue Verteidigungsstellungen und gruben sich ein. Donnerstag den 18. leiteten die deutschen Streitkräfte von 500–600 Mann am frühen Morgen einen heftigen Frontalangriff auf der Westseite des Mjösasees ein, also auf dem linken Flügel der Norweger. Der Angriff wurde abgewiesen. Um die Mittagszeit kam es auf dem rechten Flügel zu Feuergefechten. Artillerie und tiefer Schnee beeinträchtigten die Deutschen. Auf norwegischer Seite gab es keine Toten, nur einen Verwundeten. Am

Abend desselben Tages befahl die norwegische Führung den Rückzug, weil die Deutschen auf ihrem Vormarsch gegen Gjövik Hadeland genommen hatten. Der Rückzug vollzog sich in größter Ordnung; der Marsch ging über Gjövik nach Braastad.

Die deutsche Abteilung, welche über Hakadal vorrückte, stieß dort auf den Widerstand norwegischer Skiläufertruppen. Harestua und Roa hielten sich gut, bis die norwegischen Linien bei Haugsbygda durchbrochen wurden.

Die deutsche Kolonne, welche von Oslo über Vestre Bäruni vorrückte, stieß beim sogenannten Skaret am Tyrifjorde auf ein ernsthaftes Hindernis. Dort stand eine schwache norwegische Truppenabteilung, die aus dem Bezirk Hönefoß, wo soeben I.R. 6 aufgestellt wurde, herbeigeschickt worden war. Dazu kamen einige Freiwillige, die Oslo am Mittwoch dem 10. verlassen hatten. Wegen des Gerüchtes, ein englisches Bombardement stehe bevor, war es an jenem Tag in Oslo zur Panik gekommen; viele hatten dies als Vorwand benützt, um die Stadt zu verlassen. Es stellte sich als schwierig heraus, die Hindernisse bei Skaret zu überwinden; denn die Norweger hatten am Berge Felsblöcke herausgesprengt und sie auf die Straße gerollt; auf der anderen Seite der Straße fiel das Gelände steil ins Wasser ab. Die Deutschen waren gezwungen, unter großen Anstrengungen die Felsblöcke in Stücke zu sprengen und sie aus dem Wege zu räumen; sie erlitten dabei schwere Verluste. Auch auf der Straße zwischen Solihögda und Hönefoß stießen sie auf neue Sperren und Maschinengewehrnester. Bei Skaret fuhren einige Tage später drei norwegische Chauffeure in den Abgrund hinunter; zusammen mit den deutschen

Truppen, die sie hatten fahren müssen, kamen sie ums Leben. Der vierte Chauffeur im selben Transport wurde erschossen.

Am 14. wurde Hönefoß von zwei deutschen Bataillonen genommen. Eine Autokolonne rückte auf der Straße das Aadal hinauf vor und wurde beim Hof Hünen von vier Maschinengewehren beschossen. Der norwegische Mitrailleurverband erhielt darauf Befehl, sich zurückzuziehen. Ein Wachtmeister weigerte sich und blieb mit seinen Leuten an Ort und Stelle. Kurz darauf rückten deutsche Trupps zu Fuß vor und wurden von dem zurückgebliebenen Maschinengewehr unter Feuer genommen.

Ungefähr zwanzig Kilometer westlich von Kongsvinger wurde die dort vorrückende deutsche Abteilung aufgehalten. Die Brücke über den Fluss Vorma bei Skarnes war gesprengt worden; dies verzögerte den deutschen Vormarsch um ein paar Tage. Die Sprengung hatte keinen vollständigen Erfolg; einigen Deutschen gelang es, am Montag dem 15. abends über das Eis zu kommen und die Norweger mit leichten Maschinengewehren in der Flanke anzugreifen. Die Norweger, ungefähr 75 Mann, standen unter Befehl von Leutnant Gamst; unter ihnen befanden sich Leute, die als Freiwillige am finnisch-russischen Krieg teilgenommen hatten. Die Truppe erhielt Befehl, sich zurückzuziehen. Am folgenden Tag kam es bei Sander zu neuen Kämpfen. Darauf wurde der Rückzug auf Elverum und darüber hinaus in nördlicher Richtung befohlen. Die Norweger hatten zu diesem Zeitpunkt keine Tote, nur einige Verwundete; sie behaupten aber, dass damals auf deutscher Seite viele gefallen sind. Dienstag den 16. wurde Kongsvinger am Nachmittag von zwei deutschen Bataillonen genommen. Es war beschlossen worden, dass Kongsvinger nicht verteidigt werden sollte; das wichtigste Material und die Munition waren bereits abtransportiert worden.

In der ersten Kriegswoche wurden also überall die vordersten norwegischen Verteidigungsstellungen genommen. Die Deutschen hatten Hönefoß und Kongsvinger besetzt und standen nicht mehr weit von Hamar. Als sich Hamar ergeben musste, zogen sich die Norweger auf starke Stellungen bei Moelv, halbwegs Lillehammer, zurück. Die deutsche Führung schickte ein Mitrailleurbataillon von Osten her gegen Lillehammer. Gleichzeitig schritten motorisierte Einheiten zum Angriff. Diese Umgehungsbewegung hatte zur Folge, dass Lillehammer am 22. April fiel. Während die deutschen Kolonnen, die in der ersten Woche wirksam gewesen waren, nur über wenige Kampfwagen verfügten, zeigte es sich jetzt, dass große Verstärkungen in Oslo eingetroffen waren – nicht nur an Truppen, sondern auch an Material. Gegen Lillehammer wurden Kampfwagen und Feldhaubitzen eingesetzt. Gleichzeitig griff die deutsche Luftwaffe ein.

Im Kampfe um Lillehammer stießen die Deutschen zum ersten Mal auf englische Soldaten. Generalmajor Paget, Kommandant der in Aandalsnes gelandeten englischen Streitkräfte, hatte drei Bataillone ins Gudbrandsdal geschickt; eines dieser Bataillone hatte Lillehammer erreicht, als die Deutschen heranrückten. Der englischen Führung musste es unbedingt klar sein, dass die geplanten Operationen gegen Trondheim verunmöglicht würden, wenn die Deutschen im Gudbrandsdal vordrängen. Dem Gelände nach zu urteilen sollte es keine unlösbare Aufgabe sein, das an manchen Stellen ganz enge Tal zu halten. Groß war die Freude unter den Norwegern, als bei Lillehammer zum ersten Mal die englischen Uniformen auftauchten. Aber die Freude sollte nicht lange dauern. Die Wucht des deutschen Vorstoßes war so gewaltig, dass zur wirksamen Abwehr starke Streitkräfte erforderlich gewesen wären. Die englischen Bataillone zeigten sich dieser Aufgabe nicht gewachsen. Sie bestanden zur Hauptsache aus jungen Burschen ohne richtige militärische Ausbildung. Und was noch ausschlaggebender war die Engländer verfügten über keine Artillerie, Kampfwagen und Flugzeuge.

Entscheidend für die weitere Entwicklung der Operationen im Gudbrandsdal war der Kampf bei Tretten, nördlich von Lillehammer, am 23. April. Die Deutschen unternahmen mit Kampfwagen und Flugzeugen einen heftigen Angriff. Die Engländer flohen und rissen die Norweger in die Flucht hinein. Bei Lillehammer und Tretten wurden ungefähr 200 Engländer gefangen genommen, darunter ein Stab. Zähe oppländische Schwadronen deckten den englischen Rückzug. Wegen der Niederlage bei Tretten musste die Front auf Kvam südlich von Otta zurückgelegt werden. Quer durch das Tal wurden Stellungen errichtet. Am frühen Morgen des 25. wurde eine deutsche Kolonne, die mit Kampfwagen und Panzerautos versehen war, von einer britischen Panzerabwehrkompanie aufgehalten. Die Stellung wurde bis zum folgenden Tag gehalten.

In einem deutschen Rapport wird über den Kampf bei Kvam folgendes berichtet: »Fast zwei volle Tage lagen unsere vordersten Truppen vor Kvam. Engländer und Norweger hatten am jenseitigen Ufer des Sees die beherrschenden Höhen besetzt. Von diesen Höhen und Hängen herunter konnten sie mit ihren Maschinengewehren die Ortschaft und das ganze Tal bestreuen, und ihre Stellungen waren so gut dem idealen Verteidigungsgelände angepasst, dass unsere Truppen sie erst Stunden um Stunden mit Geschützfeuer bearbeiten mussten. Alles, was an schweren Waffen vorhanden war, musste eingesetzt werden. Unmittelbar neben den Kanonen der Artillerie waren die leichten Infanteriegeschütze und die beweglichen Panzerabwehrgeschütze in Stellung gegangen. Und doch kam man nur ganz langsam Schritt für Schritt voran. Längst waren die wenigen Häuser des Ortes, in denen sich die feindlichen Truppen festgesetzt hatten, in Brand geschossen. Erst am zweiten Tag ging es langsam vorwärts. Auf der anderen Seite zog sich der Gegner nur Meter um Meter zurück. Kaum hatte er seine Stellung aufgegeben, dann saß er auch schon wieder an einer anderen Stelle fest und schickte uns aus seinen Maschinengewehren verderbenbringende Feuerstöße herüber. Erst als man auf dem anderen Ufer des Sees Truppen einsetzte und nun von zwei Seiten her systematisch die feindlichen Stellungen aufrollte, konnten die vordersten Teile der Division um einige hundert Meter weiter vorrücken. Am späten Nachmittag des zweiten Tages war der Ort vollständig in unserer Hand. Aber einige hundert Meter weiter nordwestlich, wo die Straße sich um einen neuen Bergrücken herumlegt und das Tal sich weiter verengt, gab es wieder eine Stockung. Wieder mussten die Panzerkampfwagen vor. Aus allen Rohren feuernd rollten sie langsam die Straße hinauf, setzten sich selbst dem schwersten

Feuer der englischen Abwehrgeschütze, Panzerbüchsen und Maschinengewehre aus und konnten trotz aller Tapferkeit den Gegner nicht niederringen. Es war ein ungleicher Kampf gegen einen übermächtigen Gegner. Bald rollte der erste Panzerkampfwagen wieder zurück. Er hatte einen Treffer in das Geschützrohr bekommen und konnte nicht mehr feuern. Ein weiterer Treffer war mitten durch den Panzer hindurchgegangen und hatte den Kommandanten schwer verwundet. Stunden vergingen. Weiter unten schoss die Artillerie. Aber immer, wenn ein feindliches Maschinengewehr zum Schweigen gebracht worden war, fing irgendwo ein anderes wieder an zu feuern. So dauerte der Kampf bis zum Abend, um bei Tagesanbruch von neuem zu beginnen.«

Als die Stellung bei Kvam geräumt werden musste, marschierte man nach Otta zurück; aber auch dort gelang es den Norwegern und den Engländern nicht, Stand zu halten. Am 28. hatten die Deutschen Otta genommen und setzten ihren Vormarsch über Dovre gegen Dombaas fort. Um Dombaas wurde am 30. gekämpft, und was darauf folgte, gehört zum Kapitel, welches den Rückzug der Engländer aus Südnorwegen und den Zusammenbruch des Widerstands in Südnorwegen behandelt.

Diejenigen Streitkräfte, die sich auf der westlichen Seite des Mjösasees zurückgezogen hatten, kämpften am Sonnabend dem 20. April bei Braastad. Ein deutscher Sturmangriff wurde zurückgeschlagen, und eine stärkere deutsche Patrouille wurde im Wald oberhalb Braastad vernichtet. Am folgenden Tage sollten die Norweger zum Gegenangriff schreiten, die Deutschen über den Braastadelv zurückwerfen, sich danach zurückziehen und die Verteidigung dieser Stellung englischen Streitkräften unter Befehl von Oberst Roberts überlassen. Bevor jedoch der Gegenangriff zustande kam, traf der Rückzugsbefehl ein. Die nächsten Etappen waren Faaberg und Follebu westlich von Laagen. Als die Deutschen am 20. von Lillehammer aus vorrückten, wurden sie von der norwegischen Artillerie unter Feuer genommen. Das Feuer wurde jedoch eingestellt, weil allem nach irrtümlicherweise gemeldet wurde, es handle sich bei den heranrückenden Truppen um Engländer. Man hatte auch eine Abteilung in norwegischen Uniformen beobachtet.

Als die Deutschen über Tretten vorgedrungen waren, erhielten die norwegischen Streitkräfte wiederum Befehl, sich zurückzuziehen. Am 26. und 27. April fand bei der Brücke Segelstad in Vestre Gausdal ein letzter Kampf statt. Die Deutschen verfügten über zwei Bataillone und erhielten am 27. weitere Verstärkungen an Truppen und Kampfwagen. Die Norweger hatten keine Rückzugsmöglichkeiten mehr und kapitulierten am 28. April um 24 Uhr.

Nachdem die deutschen Streitkräfte Kongsvinger genommen hatten, sicherte ein schwächeres Detachement die Straße zur schwedischen Grenze, während das Gros die Verfolgung über Solör gegen Elverum fortsetzte. Bei Roverud kam es zu blutigen Kämpfen, wobei fünf Norweger gefallen sein sollen. Einige schwedische Freiwillige beteiligten sich am Kampfe. Die Brücke über den Fluss Glomma wurde gesprengt, aber die Deutschen drangen über das Eis vor. Vor sich her schickten sie einen norwegischen Bauern mit Pferd und Wagen. Sie rückten auf beiden Seiten des Glommen weiter vor. Die beiden Brücken über den Flisaälv östlich des Glommen wurden nachts gesprengt. Aber die Deutschen stießen auf keinen wirklichen Widerstand mehr und konnten provisorische Brücken errichten. An den folgenden Tagen kam es immer noch zum Kleinkrieg in den waldigen Gegenden von Solör.

Am 18. April standen die Deutschen nicht weit von Elverum. Am selben Tag fiel Hamar, und Elverum musste geräumt werden, um nicht von zwei Seiten her unter Feuer genommen zu werden. Ein Teil von I.R. 5, welches in Elverum aufgestellt worden war, zog sich durch das Österdal gegen Rena hinauf zurück. Rena wurde am 19. April von der deutschen Luftwaffe bombardiert. Die Norweger errichteten auf den Straßen bei Elverum Verhaue und setzten sich auf beiden Seiten des Glommen im Abschnitte von Aasta fest. Den nachfolgenden Deutschen gelang es, die Verhaue auf der Hauptstraße in unglaublich kurzer Zeit wegzuraumen. Die Norweger in Österdal waren zu diesem Zeitpunkt von der allgemeinen Lage schlecht unterrichtet und konnten nicht genau wissen, dass die englische Intervention im Gudbrandsdal zu schwach war.

Am 20. April durfte der Kommandant von I.R. 5, welches bei der Straße Rena-Aasta stand, damit rechnen, dass die Deutschen es nicht wagen würden, von Elverum aus mit stärkeren Streitkräften ins Österdal vorzustoßen; denn man konnte erwarten, dass dann die Engländer und die Norweger von Lillehammer aus die Deutschen auf Hamar und Elverum zurückwerfen würden. Am Abend des 20. griffen indes die Deutschen I.R. 5 bei Aasta an. Artillerie und Kampfwagen unterstützten diesen Angriff. Die Norweger hielten ihre Stellungen bis Mitte des folgenden Tages. Als aber ihre rechte Flanke umfasst und der linke Flügel zurückgedrängt wurde, zogen sich die Norweger in nördlicher Richtung zurück. Nördlich von Rena setzte sich I.R. 5 von neuem fest; eine kleinere Abteilung befand sich auf dem östlichen Ufer des Glommen, der Rest auf dem westlichen.

Die Deutschen folgten nach und unternahmen u. a. mit Kampfwagen einen heftigen Vorstoß gegen die schwachen norwegischen Truppenabteilungen östlich des Glommen. Diesen gelang es nicht, die Deutschen am weiteren Vorrücken durch das Rena-Tal bis zum östlichen Ufer des Storsjö zu hindern.

Im Osten des Storsjö kam es am Nachmittage des 23. April zu einem deutschen Durchbruch. Dadurch waren die Abteilungen von I.R. 5, welche westlich des Glommen standen, in der linken Flanke umgangen und hatten keine Möglichkeit mehr, sich auf der Landstraße durch das Rendal und das Tyldal gegen Tynset zurückzuziehen. Außerdem waren sie in zwei Teile gespalten. In der Nacht auf den 24. April wurde I.R. 5 per Bahn in nördlicher Richtung nach Alvdal befördert. Von dort aus marschierte ein Teil in westlicher Richtung nach Foldal, während ein anderer mit der Eisenbahn nach Tynset und später nach Röros weiterfuhr. Bei der Station Telneset wurde der Zug von deutschen Flugzeugen bombardiert, wobei große Schäden am Bahnmaterial entstanden, aber wenig Menschenleben zu beklagen waren.

Ein Übungsdetachement von I.R. 5, das in der Gegend von Tynset stand und zur Hauptsache aus ungeübten Soldaten bestand, wurde nach Röros zurückgeschickt, während die Schulbatterie der Artillerie-Offiziersschule über

Kvikne gegen Berkaak transportiert wurde. Auf diese Weise wurde die Kampfgruppe I.R. 5 zersplittert. Ihr von Pferden gezogener Train konnte nicht per Bahn befördert werden; er zog von Stai nach Sollia und wurde unterwegs von deutschen Flugzeugen bombardiert. In der Gegend von Brekke, östlich von Röros, versuchte man am Abend des 24. April, die Überreste der nach Röros ziehenden Truppenabteilungen zu sammeln. In der Nacht auf den 25. April begannen einige Autos gegen die schwedische Grenze zu fahren, und andere folgten ihrem Beispiel. Die Mannschaften fuhren auf Skis nach Selbu oder ins Gauldal hinunter, wo sie später gegen die Deutschen kämpften.

Die deutschen Truppen, denen am 23. April der Durchbruch auf dem Ostufer des Storsjö gelungen war, rückten am 24. April durch das Rendal und das Tyldal weiter gegen Tynset vor – gefolgt vom Rest der deutschen Kolonnen, die über Koppang vordrangen – alles in allem ungefähr 1000 Mann mit Artillerie und Kampfwagen. Bei Tynset teilten sie sich. Eine Truppabteilung marschierte über Alvdal nach Foldal, wo sie auf das dort befindliche Detachement von I.R. 5 stieß und es über Hjerkin-Dombaas ins Romsdal hinüberwarf. Eine andere rückte über Tolga gegen Röros vor, das am 25. April erreicht wurde.

Der deutsche Vormarsch nahm seinen Fortgang in nördlicher Richtung gegen das Gauldal, wurde aber bei Nyplaß durch eine Straßensperre zum Stehen gebracht. Die Deutschen machten daraufhin Rechtsumkehrt, ließen Röros liegen und rückten über Tynset und Kvikne gegen Ulsberg vor, wo sie gegen die dort befindlichen norwegischen Truppen zu kämpfen hatten. Ein paar Tage später stießen deutsche Streitkräfte erneut gegen Röros vor und kämpften gegen eine schwächere norwegische Abteilung, die sich einige Tage in Stellungen bei Os hielt. Dieses Detachement hatte sich in der Gegend von Brekke besammelt und bestand aus recht vielen schwedischen Freiwilligen. Nachdem die norwegischen Truppen den Kampf im Romsdal hatten aufgeben müssen, zog sich die kleine norwegische Abteilung in der Gegend von Röros zurück und überschritt befehlsgemäß die schwedische Grenze.

Die Deutschen schickten eine starke Patrouille in nördlicher Richtung durch das Gauldal vor; diese Patrouille kam am 30. April in Fühlung mit den Deutschen, die im Abschnitte von Stören standen; aber die solide Verbindung zwischen den Deutschen in Tröndelag und den deutschen Abteilungen, die von Oslo her vorrückten, kam erst später zustande; denn die Norweger hielten immer noch das Gauldal und den Abschnitt von Berkaak.

Um den 1. Mai herum hatten die Deutschen die Straßenverbindung Oslo-Bergen fest in der Hand. Bei Gulsvik im Hallingdal kam es zu harten Kämpfen; aber darauf stießen die Deutschen auf keinen größeren Widerstand mehr. In der letzten Aprilwoche zogen sich die Norweger aus dem Tale zurück.

Äußerst erbitterte Kämpfe spielten sich an den Ufern des Randsfjordes, in der Gegend von Aadal und in Valdres ab. Die Truppen, die sich von Hönefoß auf dem Rückzug befanden, hatten bei Haugsbygda und Klekken harte Kämpfe zu bestehen. Einige Norweger fielen, während nach norwegischer Aussage mehrere hundert Deutsche getötet wurden. Die meisten Höfe in Haugsbygda brannten nieder. Als die

Deutschen mehrere Kampfwagen einsetzten, musste die Front zurückgenommen werden. Bei Mo und Hornskleiva kam es erneut zu Kämpfen. Hier verfügten die Norweger über ausgezeichnete Stellungen, die in die Berge eingesprengt worden waren. Hier sollen bei einem Umgehungsversuch vier deutsche Kampfwagen ins Eis eingebrochen sein. Bei Söndre-Land wurden zwei deutsche Kampfwagen mit Hilfe von Benzinflaschen unschädlich gemacht. Das Gros von I.R. 6 zog sich später über Vardal und an Gjövik vorbei nach Vestre Gausdal hinauf zurück, wo es zusammen mit dem schon erwähnten Detachement kapitulierte.

Ein norwegischer Offizier, der die Kämpfe an der Front in Vaidres mitgemacht hat, hat beschrieben, in welcher Situation sich die norwegischen Truppen befanden, nachdem sie sich über Aadal und Begnadal in feste Stellungen bei Bagn oben hatten zurückziehen müssen: »Das Gelände dort oben bietet die besten Verteidigungsmöglichkeiten der Welt. Östlich und westlich von Bagn lagen wir auf den Bergrücken in Stellung. Ich war dabei, als die Brücke über den Storbrofoß gesprengt wurde. Bagnskleivene wurde ebenfalls teilweise gesprengt und zerstört; aber an einzelnen Stellen stand nur ein Bruchteil des erforderlichen Dynamits zur Verfügung, und die Sprengung war oft wenig wirksam.« Gleichwohl herrscht kein Zweifel darüber, dass die Stellungen mehrere Tage lang hätten gehalten werden können. Doch wurde der Rückzug befohlen, weil plangemäß bis auf weiteres alle entscheidenden Kämpfe mit den Deutschen vermieden werden sollten.

Es ist kein Wunder, dass viele norwegische Soldaten enttäuscht waren, als sie immer wieder ihre Stellungen räumen mussten. Deutsche Offiziere, die an der Front in Vaidres gekämpft haben, haben übrigens mit Anerkennung von ihrem Gegner gesprochen. Die Schießfertigkeit und die Tapferkeit der norwegischen Soldaten sind ihnen aufgefallen.

Wehrpflichtige aus Vestland bildeten das Gros der norwegischen Truppen in Valdres. Sie wurden als 4. Brigade aufgestellt. Von Voß war ein Regiment nach Vaidres gebracht worden, um die Front bei Lillehammer zu entlasten. Es gelang dann diesen norwegischen Streitkräften tatsächlich, große deutsche Truppenabteilungen zu binden. Für den blutigen und aufopfernden Kampf bei Tonsaasen, der vier Tage dauerte, hat ihnen der kommandierende General Ruge seine besondere Anerkennung ausgesprochen.

Wie berechnet wurde, haben ungefähr 15 000 Norweger an den Operationen in Östland teilgenommen. Rechnet man die Streitkräfte in Nord-Tröndelag und die isolierten Abteilungen in Südnorwegen hinzu, so erhält man eine Ziffer von ca. 25 000 Mann. Dabei sind allerdings auch diejenigen mitgerechnet, welche vor ihrer Gefangennahme noch mobilisiert werden konnten. An den Kämpfen in Östland beteiligten sich die Engländer mit nur drei Bataillonen, welche ins Gudbrandsdal geschickt wurden.

Um den 25. April herum operierten die Deutschen mit kaum mehr als zwei Divisionen. Dazu kamen die deutschen Okkupationsstreitkräfte in den Küstenstädten. Die Zahl der Deutschen nahm indes schnell zu. Bevor wir uns in unserer Darstellung mit dem Zusammenbruch der norwegischen Verteidigung in Südnorwegen befassen, wollen wir eine kurze Übersicht über die Operationen in Sörland und Vestland, in Östfold und in Tröndelag geben.

Die Operationen in Sörland und Vestland

Bei Bergen kam es unmittelbar nach dem 9. April zu Kämpfen. Die Norweger schlugen sich ausgezeichnet, mussten sich aber der Bahn entlang nach Voß zurückziehen. Dort mobilisierte die 4. Division unter Generalmajor William Steffens. Nach und nach wurden beträchtliche Streitkräfte konzentriert. Die Division stand in Verbindung mit dem Oberkommando und der mobilisierten 4. Brigade, die nach Valdres, ins Hallingdal und ins Numedal dislozierte. Diese Brigade verfügte über drei Bataillone von ungefähr 3000 Mann.

Ein Rest der Brigade blieb bei Voß. Er wurde von deutschen Bombenflugzeugen angegriffen und schwer mitgenommen. Voß wurde bombardiert und nahezu dem Erdboden gleichgemacht. Nach einigen Kämpfen wurde die Stadt am 26. April von ca. 3000 Deutschen eingenommen. Von Bergen und von Ulvik und Eide in Hardanger aus hatten die Deutschen die norwegischen Stellungen bei Voß in die Zange genommen. Mit den 1000 Mann, über die er noch verfügte, zog sich General Steffens nach Sogn zurück. Dort wurde er von der Kapitulation in Südnorwegen unterrichtet. Er demobilisierte seine Streitkräfte und begab sich selbst nach Nordnorwegen; einige Soldaten folgten ihm in Fischerbooten. – General Steffens hat später den Befehl über die norwegischen Streitkräfte in Kanada übernommen.

Von Bergen aus rückten die Deutschen an Voß vorbei der Bergenbahn entlang vorwärts. Am 1. Mai stießen sie auf die deutsche Kolonne, die von Oslo aus ins Hallingdal vorgestoßen war. Damit befand sich die ganze Bergenbahn in deutscher Hand. Es dauerte zwar einige Wochen, bis sie wieder in Stand gesetzt war; denn die Norweger hatten teils sehr wirksame Sprengungen vorgenommen.

Im Abschnitt von Stavanger – 3. Division – hatten sich die Norweger südlich und östlich von Stavanger gesammelt. Sie marschierten gegen Süden; aber in der zweiten Kriegswoche mussten sie sich – in Anbetracht der allgemeinen strategischen Lage – aus der Gegend von Algaard und von Vikesaa zurückziehen, teils durch das Gloppedal, teils über Oltedal. Als der letzte Kampf ausgefochten wurde, wurde auf die norwegischen Truppen von zwei Seiten her ein Druck ausgeübt, nämlich vom Högsfjord her, wo deutsche Seestreitkräfte mit der Luftwaffe und der Infanterie zusammenarbeiteten, und im Gloppedal, wo die Deutschen in den Rücken der Norweger vorstießen. Die norwegischen Truppen waren genügend mit Proviant versehen; aber bei den unaufhörlichen Luftangriffen war es schwierig, die Verpflegung zu den verschiedenen Abteilungen vorzubringen. Schließlich begann auch die Munition auszugehen. Wie anderswo, so waren auch hier die deutschen Fliegerangriffe die schrecklichste Prüfung für die Soldaten. Ein deutscher Offizier an der Stavangerfront hat erklärt, dass der Widerstand, den die norwegischen Soldaten trotz ihrer kurzen Ausbildung und schlechten Ausrüstung geleistet haben, ihn mit Erstaunen erfüllt habe. Einer der norwegischen Offiziere berichtete, auch nicht ein einziger seiner Leute habe damals versagt. »In meiner Abteilung sah ich zwei Leute weinen«, erzählte er, »weil sie bei einer Todespatrouille nicht dabei sein konnten.«

Die Streitkräfte, von denen hier die Rede ist und die sich ergeben mussten, nachdem sie von den Deutschen in eine Zange genommen worden waren, standen unter Befehl von Oberst Spörck. Die Operationen gingen am 23. April zu Ende. An diesem Tage fielen u. a. Major Brandt, einer seiner Hauptleute und zwei Leutnants eines Bataillons aus Oslo, das seinen Standort in Stavanger hatte. Die Abteilung hatte aus ca. 1300 Mann bestanden. Im Ganzen nahmen die Deutschen im Abschnitte von Stavanger 241 Offiziere und 2921 Soldaten gefangen.

Nachdem Kristiansand am Morgen des 9. April gefallen war, wurde die Mobilmachung für die anderen Teile der 3. Division auf Evjemoen durchgeführt. Evjemoen liegt im Setesdal nördlich von Kristiansand. Diese Streitkräfte, die aus ungefähr 150 Offizieren und 2000 Mann bestanden und vom Divisionskommandanten Generalmajor E. Liljedahl befehligt wurden, kapitulierten kampflos am 15. April, doch erst nachdem sie ein Ultimatum erhalten hatten, dass – falls sie sich nicht ergäben – Kristiansand und andere Ortschaften bombardiert und dem Erdboden gleichgemacht würden. Die deutschen Truppen, die gegen Evje vorrückten und dort die Norweger entwaffneten, werden auf nicht mehr als 800 Mann geschätzt. Eine kleine Schar unter

Führung eines Hauptmanns weigerte sich, an der Kapitulation teilzunehmen, und zog in nördlicher Richtung ab. Ihr schlossen sich einige Freiwillige an. Es gelang ihr u. a., auf der Straße zwischen Kristiansand und Stavanger eine größere deutsche Autokolonne zu zersprengen. Am 21. April konnten jedoch die Deutschen in einem Communiqué mitteilen, dass sie die Landstraßenverbindung zwischen den beiden Städten hergestellt hätten.

Auf Heistadmoen bei Kongsberg, ungefähr 90 km südwestlich von Oslo, kapitulierten am Sonntag dem 14. April ca. 100 Offiziere und 1500 Mann. Sie waren von einer kleineren deutschen Abteilung überrumpelt worden. Damit fielen auch Kongsberg und die dortige Waffenfabrik in deutsche Hand.

Rjukan in Telemark, wo norwegische Streitkräfte von 800 Mann unter Major Lossow versammelt waren, ergab sich am 4. Mai. Erst an diesem Tage waren die Deutschen dorthin gekommen. Weil nun zu diesem Zeitpunkt die Hauptstreitkräfte in Südnorwegen den Kampf aufgegeben hatten, hielten es die norwegischen Truppen bei Rjukan für nutzlos, Widerstand zu leisten. Sie waren zwar schon seit dem 25. April mit deutschen Streitkräften von 2500 Mann in Fühlung gestanden. Weiter südlich kam es in den Bergen von Telemark zu heftigen Kämpfen. Dort hatten sich norwegische Truppen in starken natürlichen Stellungen verschanzt. Bei einem ersten Vorstoß musste sich eine überlegene deutsche Abteilung zurückziehen und viele Tote und Verwundete zurücklassen. Darauf wurde ein neuer Angriff unternommen, wobei auch die deutsche Luftwaffe eingriff. Am 7. Mai ergaben sich die Norweger in ihren Stellungen bei Vinje. Auch hier war die Kapitulation zumeist durch die vorangegangene Kapitulation der norwegischen Divisionen in Südnorwegen bedingt. Aber recht viele Bauern aus Telemark nahmen ihr Gewehr mit sich, stiegen in die Berge hinauf und kehrten auf Umwegen zu ihren Höfen zurück. Eine Kapitulation wollten sie nicht miterleben.

Die Östfold-Division

Was von der ersten Division mobilisiert werden konnte, wurde bereits in der ersten Kriegswoche außer Spiel gesetzt und zog sich über die Grenze nach Schweden zurück. Der Kommandant der Division, Generalmajor Carl Erichsen, hat in einigen Artikeln »Seks dagers mobilisering og strid i Östfold« dargelegt, warum die Front in Östfold so schnell aufgerollt werden konnte. In diesem Kapitel halten wir uns hauptsächlich an die Darstellung General Erichsens.

Nachdem der Divisionskommandant Mitteilung erhalten hatte, deutsche Schiffe seien in den Oslofjord eingelaufen, konnte er am 9. April zwischen 4 und 5 Uhr morgens die Verbindung mit dem Generalstab herstellen. Es wurde ihm vorläufig mitgeteilt, er solle so bald als möglich die Mobilmachung von Teilen der 1. Division telegraphisch befehlen. Nach diesem Bescheid erließ die Division an die Unterabteilungen den Befehl für eine unmittelbare allgemeine Mobilmachung. Um 7 Uhr herum traf endlich vom kommandierenden General der telegraphische Befehl ein, dass einzelne Abteilungen mobilisiert werden sollten, mit Donnerstag dem 11. April als erstem Mobilmachungstage. Entsprechende Ordern wurden gleich an die Truppen weitergeleitet; dabei musste es unvermeidlich zu einigen Komplikationen kommen, weil ja die Division bereits unmittelbare Mobilmachung anbefohlen hatte.

In Östfold waren die Deutschen am Morgen des 9. April bei Moß an Land gegangen. Sie nahmen auch gleich die Lagerbestände vom I.R. 2 und D.R. 1 in Besitz, sodass diese Einheiten die Mobilmachung nicht durchführen konnten. Das Arsenal von A.R. 1 wurde ebenfalls besetzt; aber es gelang, einen Teil des Materials zu retten, sodass in Askim schwächere Streitkräfte aufgestellt werden konnten. Die Lagerbestände von I.R. 1 konnten zum größten Teil noch rechtzeitig weggebracht werden; zwei Bataillone wurden in der Gegend von Hafslund aufgestellt. Die Organisation und die Ausrüstung dieser Bataillone waren am Nachmittag des 11. April fertiggestellt worden. Inzwischen hatte man für die aufgestellten Truppen Proviant und Benzin auf Tanklastwagen und in Fässern gesammelt. Eine Intendanturabteilung wurde improvisiert; Sanität und Meldedienst wurden organisiert, wobei die Spitäler und die Telephonwerkstätten des Bezirkes das Personal und das Material lieferten. Ferner wurden die Heerespolizei und der Nachrichtendienst aufgestellt.

Inzwischen kamen in Oslo deutsche Verstärkungen an. Eine ihrer ersten Aufgaben war, die norwegischen Truppen in Östfold auszuschalten und sich der Straßen- und Eisenbahnverbindung zur schwedischen Grenze zu versichern. Nur einmal, nämlich am Mittwoch dem 10. April, konnte der Divisionsstab den Kontakt mit dem Oberkommando der norwegischen Armee herstellen. Die Division erhielt damals u. a. Befehl, den Abschnitt von Fossum unbedingt zu halten. Später gelang es ihr nicht mehr, die Verbindung mit der Außenwelt herzustellen. Die Deutschen hielten alle wichtigen Punkte um das Gebiet der Division besetzt. Der Divisionsstab besaß keine Möglichkeit, die einlaufenden Rapporte zu kontrollieren. Es ist zu beachten, dass die Division nicht über Funkstellen für Aufklärungsabteilungen verfügte. Auch Aufklärungsflugzeuge waren keine vorhanden, und gegen die deutschen Bomber war man vollkommen wehrlos.

Die Division ließ einige Brücken sprengen, um die Operationen der Deutschen zu verzögern und zu hemmen. Durch den Bau von Notbrücken überwanden indes die Deutschen diese Hindernisse relativ schnell. Aus dem Bericht General Erichsens geht deutlich hervor, dass man auf norwegischer Seite mit den Sprengungen nicht besonders erfolgreich war. Als sich z. B. die Deutschen am 12. den Brücken von Fossum näherten, wurde die Sprengung befohlen. Die Sprengung der Straßenbrücke misslang. Die Brücke sank lediglich ein wenig hinunter und konnte nach einer kleinen Reparatur auch von Autos wieder passiert werden. Die Sprengung der Landstraßen- und Eisenbahnbrücken bei Rolvsöy am 13. April misslang ganz und gar. Die Brücken verblieben sozusagen in ihrer alten Lage. Ganz gleich verlief darauf die Sprengung der Scarpsbrücke.

Donnerstag den 11. April erhielt die Division Meldung, dass sich deutsche Transporte auf der Straße von Lilleström in östlicher Richtung vorwärts bewegten. Um die Deutschen am weitern Vormarsch zu hindern, erhielt ein halbes Infanteriebataillon Befehl, die Brücken zwischen Blaker und Fetsund zu besetzen und eventuell zu zerstören. Der Bataillonskommandant und seine Truppe waren jedoch so erschöpft, dass das Unternehmen verschoben werden musste. Auch gelang es nicht, Sprengstoffe für die Brückensprengungen ausfindig zu machen. Die Division war der Auffassung, die Truppen seien einstweilen für kriegerische Operationen noch nicht verwendbar; zuerst sei eine straffe Ordnung herzustellen und müsse der Verpflegungs- und Nachschubdienst richtig funktionieren. Deshalb wurden zwischen Aurskog und Öyeren umfassende Straßensperren und Verhaue angelegt. Zwei starke Postierungen wurden ausgestellt. Die östliche und die westliche Linie der Östfoldbahn westlich des Flusses Glomma wurden vorübergehend unbefahrbar gemacht.

Am folgenden Tage leiteten die Deutschen eine Operation gegen den Abschnitt von Fossum ein, mit drei Kolonnen aus nördlicher, westlicher und südlicher Richtung. Im Ganzen betrugen die deutschen Streitkräfte kaum mehr als 2000 Mann mit vier Batterien. Die westliche Kolonne trat zuerst in Fühlung mit den Norwegern, welche dort folgende Streitkräfte konzentriert hatten: 400 Artilleristen, die als Infanterie kämpften, einige Maschinengewehre, zwei Kompanien Infanterie, zehn 7,5-cm-Kanonen und vier 12-cm-Haubitzen. Die deutschen Truppen waren zahlenmäßig unterlegen; aber weil die Sprengung der Brücke bei Fossum missglückt war, konnten die Deutschen die norwegischen Stellungen über die Brücke und über das Eis angreifen. Die vordersten norwegischen Linien lösten sich auf. In diesem Augenblick ließ man beim Staudamm von Solberg das Wasser herausströmen. Unterstützt durch Artillerie schritt ein Bataillon zum Gegenangriff. Doch die Deutschen zogen sich rechtzeitig über das Eis zurück.

Sonnabend den 13. April griffen die Deutschen mit stärkeren Streitkräften von Westen her an; sie erhielten dabei Unterstützung durch Artillerie und später durch Bombenflugzeuge. Die Artillerie der norwegischen Division wurde aus ihren vordersten Stellungen herausgeworfen. Im Morgengrauen desselben Tages begann auch der deutsche Vormarsch von Fredriksstad her; wegen der misslungenen Sprengungen bei Rolvsöy konnte er nicht aufgehalten werden. Am Donnerstag und am Freitag war Fredriksstad von der feindlichen Luftwaffe angegriffen worden. Das Fort Greaaker war für die Deutschen keine Bedrohung. Seit 1933 befand es sich nicht mehr in Kriegsbereitschaft; seine Besatzung bestand aus pensionierten Offizieren und Landwehrleuten, welche die Kanonen nicht bedienen konnten. Nach einer kurzen Beschießung durch feindliche Marineartillerie ergab sich das Fort. Die Deutschen konnten weiter vorrücken.

Als die Norweger neue Stellungen bezogen, hatten sie vier Geschütze und 15 Maschinengewehre verloren. Weil der deutsche Vormarsch anhielt, mussten sie jetzt auf zwei Fronten kämpfen. Auf die Frage, weshalb sie nicht zum Gegenangriff schreiten konnten, hat General Erichsen folgende Antwort gegeben: »Das Gebiet von Mysen-Trögstad konnte nur dadurch verteidigt werden, dass man die getrennten deutschen Kolonnen angriff, während man durch Straßensperren und mit kleineren Detachementen den Vormarsch der anderen Kolonnen verzögerte. Aber unsere Truppen verfügten nicht über genügend Offiziere, waren mangelhaft ausgerüstet und nach der forcierten Mobilmachung erschöpft; deshalb konnten die geplanten Angriffsoperationen bis auf weiteres nicht durchgeführt werden. Der Division blieb also nichts anderes übrig, als sich in die Gegend von Örje zurückzuziehen. Dort stand die Ausdehnung der Front in einem günstigeren Verhältnis zu den verfügbaren Streitkräften und deren Kampfwert, und dort konnten die Deutschen ihre Manövrierfähigkeiten nicht ausnützen, weil unsere Stellungen nicht umgangen werden konnten.«

Die Stellung bei Örje war deshalb günstig, weil die von Westen heranführende Straße vom Fort aus unter Feuer genommen werden konnte; auch hatte man in diesem Abschnitte größere Vorräte an Proviant, Futter und Munition zusammengebracht. Nachdem sich die Truppen ausgeruht hatten, beabsichtigte der Divisionskommandant, sie zu einem Gegenangriff einzusetzen. Das nicht verwendbare Material wurde nach Schweden hinübergeführt, damit es nicht die Operationen behindern oder in Feindeshand fallen könnte. Abtransportiert wurde unter anderem das Material der motorisierten Artilleriebataillone.

Am Sonnabend um 19 Uhr wurde der Befehl erteilt, den Rückzug anzutreten und neue Stellungen zu beziehen. Dabei entstand Verwirrung; dies hatte zur Folge, dass mehrere Abteilungen nicht die anbefohlenen Stellungen bezogen, sondern die schwedische Grenze überschritten. Die Auflösung machte am Sonntag Fortschritte; alle Pläne der Division waren zunichte gemacht. Inzwischen hatten die Deutschen alle Städte in Östfold besetzt, da und dort nach schwächeren Kämpfen. Sie erreichten auch die Grenzstation bei Kornsjö. Nach dem Zusammenbruch im Abschnitt von Örje befand sich also ganz Östfold in deutscher Hand. Für die 1. Division war damit der Krieg beendigt. Die Tätigkeit dieser Division in den ersten Kriegstagen gibt ein recht gutes Bild davon, wie größere Einheiten der norwegischen Armee, die an und für sich kämpfen wollten, ausgeschaltet wurden, bevor sie umfassendere Operationen einleiten konnten.

Nach eigenen Angaben haben die Deutschen in Östfold ungefähr 1000 Mann und 50 Offiziere gefangen genommen. Rund 3000 Mann überschritten die Grenze und wurden in Schweden interniert. Darunter befanden sich ungefähr zwanzig Verwundete.

Als im Zusammenhang mit dem Rückzug der Division und dem Überschreiten der Grenze von Verrat die Rede war, da hat General Erichsen folgendes geäußert: »Ich gebe die Erklärung ab, dass in der 1. Division kein einziger Fall von Verrat, Sabotage oder direkter antimilitaristischer Haltung hat festgestellt werden können. Hingegen haben sich in nicht wenigen Fällen die traurigen Folgen von zu kurzer militärischer Ausbildung und von fehlendem soldatischen Geiste gezeigt. Auch Nervenzusammenbrüche sind vorgekommen. Sie dürfen nicht zu streng beurteilt werden, weil sie die Folge von Überanstrengungen waren; denn die forcierte Mobilmachung dauerte Tag und Nacht und stellte ungeübte Leute plötzlich vor die Aufgabe, Bewachungsdienst zu verrichten und kriegerische Operationen durchzuführen.«

Die Front in Nord-Tröndelag

Während des Krieges in Norwegen war Tröndelag von ganz besonderer Bedeutung. Die Deutschen wussten genau wie u. a. auch der deutsche Oberstleutnant Matthaei in einer Artikelserie hervorgehoben hat dass für die Beherrschung von Süd- und Mittelnorwegen die Verbindung zwischen den deutschen Hauptstreitkräften in Östland und den isolierten Landungstruppen in Trondheim unbedingt hergestellt werden musste. Erst wenn diese Aufgabe gelöst war, konnte man sich an Nordnorwegen heranmachen und mit den isolierten Streitkräften im Gebiet von Narvik in Fühlung treten.

Aufgabe der Norweger war hingegen, diese Verbindung zwischen Oslo und Trondheim zu verunmöglichen. Nur dann bestand die Hoffnung, dass man gemeinsam mit den Alliierten den Angriff auf die deutschen Truppen in Trondheim einleiten könne. Während die norwegischen Hauptstreitkräfte die von Oslo her vorrückenden Truppen des Gegners aufzuhalten hatten, mussten die norwegischen Streitkräfte in Tröndelag versuchen, den Feind in Trondheim eingeschlossen zu halten. Das Gros der 5. Brigade besammelte sich in Nord-Tröndelag. Die Truppen in diesem

Gebiet hatten zu verhindern, dass die Deutschen eine Verbindung zwischen Trondheim und Nordnorwegen herstellten. Später sollten sie zusammen mit englischen und französischen Landungstruppen an dem geplanten Vorstoß gegen Trondheim teilnehmen.

Unter der Rubrik »Fra krigen i Nord-Tröndelag« hat Oberst O. B. Getz nach dem Kriege einen »Gefechtsrapport« (»fektningsrapport«) herausgegeben, eine Sammlung von Befehlen, Tagesrapporten und anderen Aufschlüssen, die einen Einblick in die Operationen in dem Gebiete gewähren, wo Oberst Getz kommandierte. Das Buch von Oberst Getz wurde gleich von der deutschen Propaganda ausgenützt, und von norwegischer Seite sind gegen den Verfasser kritische Stimmen laut geworden. Die norwegische Kritik betrifft nicht nur die Aufschlüsse, die über die Geschehnisse in Nord-Tröndelag gegeben werden, sondern auch die Tatsache selbst, dass ein höherer Offizier mit einer Publikation hervortritt, die weil ja in Norwegen eine fremde Regierung besteht – einseitig und in vielen Punkten irreführend sein muss. Bei Kriegsausbruch war Oberst Getz Kommandant von I.R. 13, das seinen Standort in Levanger hatte. Am 17. April übernahm er, als Kommandant der 5. Brigade, den Befehl über die norwegischen Truppen in Nord-Tröndelag, und am 27. April erhielt er außerdem die Vollmacht, die 5. Division zu repräsentieren.

Einleitungsweise deutet Oberst Getz daraufhin, dass alle militärischen Anlagen und Einrichtungen und alle Truppenstandorte, mit Ausnahme des Infanterieregimentes von Möre, an den Ufern des Trondheimfjordes liegen. »Die Mobilmachung der Truppenverbände und die Verteidigung der Provinz, die Existenz der Stadt und alle Verbindung zwischen Südnorwegen und Nordnorwegen – all dies hängt von dem ab, der den Trondheimfjord beherrscht.« Die Herren im Trondheimsfjord waren die Deutschen, nachdem sie am frühen Morgen des 9. April die Befestigungen forciert hatten. Im Laufe der folgenden Tage fuhren deutsche Kriegsschiffe tiefer in den Beitstadsfjord hinein, so dass ihre Marineartillerie sowohl Steinkjer als auch die Straße Steinkjer-Trondheim beherrschte.

Im ersten Teil des Buches von Oberst Getz wird der Zustand der norwegischen Landesverteidigung bei Kriegsausbruch einer scharfen Kritik unterworfen. Danach hebt Oberst Getz hervor, man sei während der ganzen ersten Kriegswoche durch die Mobilmachung und damit zusammenhängende organisatorische Aufgaben beansprucht gewesen. Die Streitkräfte, welche die 5. Brigade bilden sollten, bestanden aus zwei Infanteriebataillonen (I.R. 13), einem Kavallerieregiment (D.R. 3) und einem Bataillon von I.R. 14, welches aus dem Abschnitte der 6. Division nach Süden disloziert hatte. I.R. 12 und A.R. 3, die ihren Standort in Trondheim hatten, konnten keine geordnete Mobilmachung durchführen. Das Infanterieregiment aus Möre (I.R. 11) wurde mobilisiert und operierte gemeinsam mit den norwegischen Hauptstreitkräften in Südnorwegen.

Die Stärke der 5. Brigade betrug 3–4000 Mann, eingerechnet eine große Zahl von Freiwilligen. Unter ihnen besaßen allerdings viele keine militärische Ausbildung und Übung. Es war möglich, einige weitere tausend Mann zu mobilisieren; aber es fehlten die Offiziere und die Ausrüstung. Im Großen und Ganzen war es mit der Ausrüstung der Brigade kläglich bestellt. Nicht nur fehlten Geschütze, Fliegerabwehrkanonen und Flugzeuge – die Munition reichte knapp für einen Tag, und Material für den Meldedienst war sozusagen nicht vorhanden. Feldtelephone gab es keine. Der Brigade fehlten auch Geldmittel. Vergeblich versuchte man, mit dem Oberkommando der Armee oder der Regierung in Kontakt zu kommen, um den Mangel an Geld und Ausrüstung – Waffen, Munition und Material für das Verbindungswesen – beheben zu können. Schließlich richtete der Brigadekommandant an die norwegische Gesandtschaft in London die inständige Bitte, sie möge bei der Lösung dieser Fragen behilflich sein. Aber zu diesem Zeitpunkt bereiteten die Alliierten bereits ihren Rückzug aus Südnorwegen vor.

Seit dem 15. April stiegen die Engländer in Namsos an Land; am 21. erschienen auch französische Alpenjäger. Alles in allem befanden sich ungefähr 3500 Engländer und 4500 Franzosen in Nord-Tröndelag.

Die englischen Truppen rückten gegen Steinkjer vor, ohne dass die Verbindung zwischen der norwegischen Brigade und dem englischen Befehlshaber hergestellt worden wäre. Drei englische Bataillone zogen in Steinkjer ein. Die Deutschen sahen indes die Bedeutung dieser Ortschaft ein und gingen am 20. April zum Angriff über. Steinkjer wurde am 21. von der deutschen Luftwaffe angegriffen und ausradiert. In der Stadt und ihrer Umgebung kam es zwischen den vorrückenden Deutschen und den abziehenden britischen Streitkräften zu heftigen Kämpfen. Die Engländer wurden zurückgeworfen, wobei ihre Verbände in Auflösung gerieten. Die Verluste waren auf beiden Seiten recht groß; die Deutschen machten außerdem englische Gefangene. Die Engländer besaßen keine Artillerie, keine Fliegerabwehr, keine Flugzeuge und keine Kampfwagen. Laut englischen Angaben ist ein Schiff, welches u. a. Fliegerabwehrkanonen an Bord hatte, auf der Fahrt nach Namsos versenkt worden.

Transportflugzeuge brachten deutsche Verstärkungen in den Abschnitt von Trondheim. Die Deutschen besetzten zuerst die Meraakerbahn und stießen darauf über Levanger gegen Steinkjer vor. Sie besetzten den Steinkjerpaß und verunmöglichten dadurch alle Vorstöße des Feindes von Norden her. Diese Operationen wurden von Landstreitkräften, Flugzeugen und Marineartillerie gemeinsam durchgeführt. Als sie Steinkjer und die Umgebung der Stadt besetzt hatten, errichteten die Deutschen sofort befestigte Stellungen. Sie hatten noch keine Artillerie und keine Kampfwagen herangebracht, weshalb ein schneller norwegischer und alliierter Gegenangriff nicht aussichtslos gewesen wäre.

Schon am Tage vor der Entscheidung bei Steinkjer hatte Namsos ein fürchterliches Luftbombardement durchgemacht. Ein schwedischer Journalist, der Namsos nach der Bombardierung besuchte, hat es »die am wirkungsvollsten zusammenbombardierte Stadt der Welt« genannt. Am 20. April hatte die deutsche Luftwaffe diesen Angriff unternommen. Tags zuvor hatte Reuter mitgeteilt, dass englische Truppen in Namsos gelandet waren. Es war keine leichte Aufgabe, in den Ruinenhaufen weiterhin Truppen an Land zu setzen. Die deutsche Luftwaffe setzte nämlich auch an den Tagen nach dem 20. ihre Angriffe fort. Transportschiffe, Hafenanlagen, Depots und Straßen wurden zerstört. Das Depot der französischen Alpenjäger wurde u.a. vernichtet.

Trotzdem war beabsichtigt, dass die Alliierten zusammen mit der 5. Brigade zur Offensive schreiten sollten. Am 26. April hatte Oberst Getz eine Unterredung mit dem französischen General; dieser legte einen Plan vor, nach dem die Wiedereroberung von Steinkjer die Operationen gegen Trondheim einleiten sollte. Gleichzeitig sollten englische Kriegsschiffe Agdenes angreifen. Die gesamten Angriffstruppen sollten plangemäß aus 1 Infanteriebataillonen – norwegischen, englischen und französischen – bestehen. Die Alliierten stellten ferner in Aussicht, dass 9 Batterien und Kampfwagen an den Operationen teilnehmen würden.

Aus diesem Angriff wurde jedoch nichts. Am Abend des 2. Mai erhielt Oberst Getz zwei Briefe, einen vom englischen General Carton de Wiart und einen vom französischen General Audet. Die beiden Kommandanten teilten darin mit, sie hätten den Rückzugsbefehl erhalten, um auf einem anderen Kriegsschauplatz eingesetzt zu werden. Sie sprachen ihr Bedauern aus und gaben der Hoffnung Ausdruck, später zurückkehren und den Kampf zu einem glücklichen Ende führen zu können. General Audet deutete auch die Ursache des alliierten Rückzugs an: »Zudem versteht ihr, dass wir auf unüberwindbare Schwierigkeiten gestoßen sind. Wir können nicht länger unseren Nachschub über einen Hafen erhalten, der andauernd bombardiert wird und der von unserem Lande so weit entfernt liegt, dass wir die notwendigen Luftstreitkräfte nicht heranbringen können.«

Nachdem er diesen Bescheid erhalten hatte, beschloss Oberst Getz, den Kampf aufzugeben. Das Bataillon der 6. Division, das sich der Brigade angeschlossen hatte, konnte sich in nördlicher Richtung zurückziehen.

Die norwegische Brigade war selbst in keine größeren Kämpfe verwickelt gewesen. Aber ihre Verbände schlugen einige örtliche deutsche Angriffe zurück, teilweise mit empfindlichen Verlusten für den Gegner. Die eigenen Verluste der Brigade waren gering: 37 Tote oder Vermisste, 32 Verwundete und 13 Gefangene.

Die Kämpfe in Sör-Tröndelag

Wie schon erwähnt worden ist, wurden in Nord-Tröndelag Teile von I.R. 13 und D.R. 3 und auf Fort Hegra ein Verband von A.R. 3 aufgestellt. Dazu kamen Mannschaften von I.R. 12 und das Pionierbataillon aus Tröndelag.

In Sör-Tröndelag waren – wenn wir von Trondheim absehen – keine militärischen Mobilmachungsplätze und Lagerbestände vorhanden. Immerhin fanden sich ein paar kleine Arsenale der Landwehr vor; sie wurden mit eingesammelten Gewehren vervollständigt. Dank einer unglaublich zähen Arbeit konnte im Gebiete Röros-Gauldalen-Stören-Berkaak der militärische Widerstand organisiert werden.

Offiziere und Soldaten aus Trondheim und Umgebung und aus denjenigen Bezirken, wo die Verbände aufgestellt wurden, bildeten das Gros der norwegischen Streitkräfte in Sör-Tröndelag. Dazu kamen jedoch auch Leute aus anderen Teilen des Landes – Militärbeamte und -angestellte, die sich in Tröndelag oder nördlich davon zur Stelle melden sollten und daran von den Deutschen gehindert worden waren. Diesen ganz uneinheitlich zusammengesetzten Abteilungen fehlte, mit Ausnahme der Gewehre, fast jegliche militärische Ausrüstung. Das Militärpersonal besaß zum größten Teil keine Uniformen, und viele waren vollkommen ungeübt. Nach und nach verschaffte man sich Uniformen; die Ungeübten sollten in Opdal zu einem Übungsdetachement zusammengeschlossen werden.

Die Streitkräfte in Sör-Tröndelag standen nicht unter einem gemeinsamen Kommandanten; denn es wurde eine Kampfgruppe Röros und eine Kampfgruppe Berkaak gebildet, jede mit ihrem eigenen Befehlshaber. Als sich die Deutschen Röros näherten, zog die Kampfgruppe Röros ins Gauldal hinunter und vereinigte sich mit den Truppen, die sich bereits dort befanden. Anfangs machten die norwegischen Abteilungen Front gegen Norden, um zu verhindern, dass die Deutschen von Trondheim aus in südlicher Richtung vorrückten. Als später die Deutschen von Süden her bedrohlich heranrückten und schließlich zum Angriff übergingen, mussten die Norweger auch Front gegen Süden machen und sich für einen Kampf auf zwei Fronten bereit halten.

In dem Gelände, wo sich die norwegischen Streitkräfte festgesetzt hatten, konnten mit Leichtigkeit Sperren errichtet werden, und die Norweger machten von dieser Möglichkeit auch fleißig Gebrauch. Leider verfügten sie nicht über Artillerie und automatische Waffen, so dass die Sperren nicht unter Feuerschutz genommen werden konnten. Wie anderorts, so waren auch hier keine Flieger- und Panzerabwehrgeschütze vorhanden. In diesem Abschnitt traten die Norweger am 14. April zum ersten Mal mit den Deutschen in Fühlung. Die Meldung war eingetroffen, eine kleine deutsche Aufklärungstruppe in Autos, gefolgt von

Fliegern, bewege sich auf der Straße von Trondheim gegen Stören vorwärts. Die Norweger schickten einen kleinen Füsiliertrupp unter Befehl von Hauptmann Dahl vor. Als sich die deutschen Autos näherten, eröffneten die Norweger das Feuer und machten schon mit der ersten Salve viele Deutsche kampfunfähig. Die Deutschen mussten von einem weiteren Vordringen in südlicher Richtung abstehen und kehrten mit einem Verlust von 10–15 Mann nach Trondheim zurück. Auf norwegischer Seite fielen Hauptmann Dahl und seine Ordonnanz. Nach diesem Zusammenstoß sprengten die Norweger die Landstraßen- und die Eisenbahnbrücke bei Lundamo und zogen sich wieder auf Stören zurück. Auch die Straßenbrücke bei Haga gleich nördlich von Stören wurde gesprengt; somit waren die Straßen- und Bahnverbindungen zwischen Trondheim und Stören an zwei Stellen unterbrochen.

Bis auf weiteres rückten die Deutschen von Trondheim nicht mehr in südlicher Richtung vor. Sie waren ja numerisch schwach und mussten mit einem baldigen norwegisch-englischen Angriffe rechnen. Sie setzten sich also vorerst im Abschnitt von Trondheim richtig fest und rückten dann gegen Levanger und Steinkjer im Norden vor. Unterdessen konnten die freiwilligen norwegischen Abteilungen im Abschnitt Stören-Berkaak-Röros die Straßen sperren. Nach dem Durchbruch im Österdal rückten die Deutschen am 24. April gegen Tynset und am 25. April gegen Röros vor. Von Tynset aus drangen später deutsche Panzerkolonnen gegen Ulsberg und Berkaak vor. Somit wurden die schwachen norwegischen Streitkräfte von Norden und von Süden her angegriffen.

Am 27. April nahmen die Deutschen in Trondheim ihren Vormarsch gegen Stören wieder auf. Diesmal waren sie bedeutend stärker, führten Artillerie mit sich und wurden von Flugzeugen unterstützt. Bereits ein paar Tage vorher hatte die deutsche Luftwaffe auf die Eisenbahnstationen von Stören und Singsaas Bomben abgeworfen und versucht, die Eisenbahnlinie zu unterbrechen. Die Station in Singsaas wurde beschädigt, während die Station in Stören niederbrannte. Die Eisenbahnlinie erlitt keinen Schaden. Als die Norweger im Gauldal vom deutschen Vormarsch auf Stören erfuhren, wurden die norwegischen Bewachungstruppen bei der Fabrik von Haga alarmiert und verstärkt. Sie bestanden aus einigen Gruppen mit schweren und leichten Maschinengewehren und einem Minenwerfer. Die deutschen Autos und Kraftradfahrer gerieten in ein heftiges Feuer, als sie sich der Fabrik bei Haga näherten, und erlitten beträchtliche Verluste. Es entspann sich ein hartnäckiger Kampf. Als die Deutschen bei Lundamo Artillerie in Stellung brachten und mit ihr das Feuer eröffneten, mussten sich die schwachen norwegischen Abteilungen zurückziehen. Die deutsche Artillerie beschoss nicht nur die Norweger bei Haga, sondern auch Stören, wo ein paar Häuser, u.a. der Pfarrhof beschädigt wurden. Am Nachmittag des 27. April zogen die Deutschen in Stören ein; bei dieser Gelegenheit kam es zu Schießereien mit Freiwilligen, die sich in den Häusern und an den nahen Bergabhängen aufhielten.

Nachdem sich die Deutschen in Stören festgesetzt hatten, rückten sie in der folgenden Woche durch das Gauldal und das Soknedal weiter gegen Süden vor. Dabei kam es besonders im Gauldal – zu heftigen Kämpfen mit den norwegischen Freiwilligen; in diesen Kämpfen erlitten die Deutschen schwere Verluste. Auf norwegischer Seite fiel u. a. Wachtmeister Getz Vold. Schließlich wurden die norwegischen Sperren im Gauldal umgangen, und die norwegischen Freiwilligen zogen sich in die Berge zurück.

Ungefähr gleichzeitig rückte, wie schon erwähnt worden ist, eine deutsche Kolonne der Straße von Kvikne entlang gegen Ulsberg vor; auch hier kam es zu Kämpfen. Die norwegischen Abteilungen, die mangelhaft bewaffnet und uneinheitlich zusammengesetzt waren, konnten sich gegen die deutschen Angriffe nicht lange halten; die Freiwilligen, die sich nicht in die Berge hinauf zurückgezogen hatten, wurden deshalb ins Sunndal hinunter gezogen und in den ersten Maiwochen demobilisiert. Nach dem Zusammenbruch des norwegischen Widerstands in Sör-Tröndelag war die Verbindung zwischen Tröndelag und Östland hergestellt. Aber wegen der Sperren, welche die Norweger errichtet hatten, dauerte es noch eine gute Weile, bis die Straßen wieder richtig fahrbar waren.

Die Deutschen setzten Pioniere, norwegische Kriegsgefangene und zivile Arbeiter ein, um die Straßenverbindungen wiederherzustellen. In diesem Zusammenhang sei auch erwähnt, dass die norwegischen Soldaten, die einen Monat lang das Fort Hegra tapfer verteidigt hatten und durch Entbehrungen aller Art recht mitgenommen waren, augenblicklich ins Soknedal geschickt wurden, um Straßenarbeiten zu verrichten.

Der heldenmütige Widerstand der Festung Hegra

Als Oberst Getz am 3. Mai mitteilte, er habe bei dem deutschen Oberkommando um Waffenruhe nachgesucht, standen in Tröndelag nur noch einige zerstreute norwegische Detachemente. Noch hielt sich die Festung Hegra, die in den norwegischen und den alliierten Communiqués oft erwähnt worden ist. Doch am 6. Mai konnte der deutsche Heeresbericht aus Norwegen melden, dass sich die isolierten norwegischen Streitkräfte auf Hegra ergeben hatten.

Die Festung Hegra wurde 1910 gebaut und zwar – sagen wir es ruhig – im Gedanken an einen norwegisch-schwedischen Krieg. Im Jahre 1926 wurde die Festung außer Dienst gesetzt.

Hegra liegt im Stjördal, ungefähr 40 km östlich von Trondheim, also in dem Gebiete, welches die Deutschen nach der Besetzung von Trondheim recht bald beherrschten. Der Flugplatz Värnes lag noch im Bereich der Festungsartillerie, was für die Deutschen sehr unbehaglich war.

Die Festung liegt wie ein Adlernest mitten in den Bergen. Quer durch den Berg laufen in Kreuzform, in rechtem Winkel aufeinander, zwei Tunnel. In Nischen der Tunnel liegen Munitionsdepots, Lazarette usw. Um die ganze Festung läuft eine Infanterielinie mit Brustwehr. Die Artillerie ist gegen das Tal gerichtet und steht in einer Reihe hinter der Infanterielinie. Vor der Festung liegen Holzhäuser, Küche, Offiziersmesse, Wohnung des Festungswarts usw. Diese mussten geräumt werden, und die Besatzung bezog in den Festungstunnel Unterkunft.

Das Fort war bestückt mit zwei 7,5-cm-, vier 10,5-cm- und vier 8,4-cm-Kanonen. Die letztgenannten waren vollständig veraltet, »aus den Zeiten Napoleons«, wie die Deutschen nach der Kapitulation sagten. Des weitern waren 15 Maschinengewehre vorhanden. Wegen Munitionsmangels waren indes nicht mehr als fünf davon in Gebrauch. Man hatte nur 6000 Schuss Maschinengewehrmunition. Munition für die Geschütze war reichlich vorhanden; denn die Festung war als Depot verwendet worden. Sämtliche Soldaten verfügten über ein Gewehr, 100 Schuss pro Mann und außerdem 1000 Schuss als Reserve.

Die Festung war also vor 14 Jahren außer Dienst gesetzt worden. Der dort stationierte Aufseher floh bei Kriegsausbruch. Die Verteidigung der Festung übernahm Major Holtermann, der sich von Värnesmoen zurückgezogen hatte, als die Deutschen dort erschienen. Auf Hegra sammelte er Streitkräfte von ungefähr 190 Mann, worunter 14 Offiziere und 12 Unteroffiziere. Die meisten stammten aus A.R. 3, einige aus I.R. 12 und dem Pionierbataillon von Tröndelag. Die Soldaten bestanden zu 15 % aus ungeübter Mannschaft. Bedenklicher war, dass niemand von der Besatzung die Festung richtig kannte. Deshalb wurde die erste Zeit zur Orientierung benutzt.

Fähnrich Ingenieur Hellandsö, einer von den Verteidigern Hegras, berichtete in einer norwegischen Zeitung von den ersten deutschen Angriffen: »In den ersten Tagen hatten wir es auf der Festung recht gemütlich; aber am Morgen des 15. April kam es zum ersten Angriff auf unsere vorgeschobene Linie, die an der Straße zwischen der Festung und dem Tale lag. Es war ein überraschender Angriff; die Norweger lagen im Schlafe, als das Haus, in dem sie sich aufhielten, vom Feuer der Maschinengewehre durchsiebt wurde. Nach hartnäckigem Kampfe wurden die Unsrigen zurückgeworfen. Danach schickten die Deutschen eine Aufklärungspatrouille auf der Straße gegen die Festung vor. Die deutsche Patrouille wurde mit Maschinengewehrfeuer empfangen. Ein Deutscher wurde verwundet und gefangen genommen. Wir hatten im Voraus eine Brücke unten im Tal gesprengt – ohne Erfolg; denn die Deutschen drangen einfach über das Eis vor. Später kam es zu unaufhörlichen Angriffen. Jeder Quadratkilometer des Festungsgebietes war schließlich mit Granattrichtern bedeckt.«

Fähnrich Hellandsö berichtete auch von den beständigen Artillerieduellen zwischen Angreifern und Verteidigern. Er äußerte, die deutschen Artilleristen seien mutige Soldaten gewesen. Sobald die Norweger mit dem Feuer begannen, eilten die Deutschen augenblicklich an ihre Geschütze und erwiderten das Feuer, während die feindlichen Granaten um sie herum krepierten. Die Artillerieduelle fanden manchmal auf eine Entfernung von nur 1000 bis 1500 m statt. Am Morgen konnten die Norweger plötzlich feindliche Geschütze in neuen Stellungen entdecken und begannen gleich, sie zu beschießen. Die Festung wurde auch mit Haubitzen beschossen. Diese waren hinter einem Bergrücken in totem Winkel aufgestellt, so dass sie für die norwegischen Geschütze nicht erreichbar waren.

Die deutschen Angriffe wurden stets mit Unterstützung von Aufklärungsflugzeugen unternommen, welche die äußeren norwegischen Stellungen mit heftigem Maschinengewehrfeuer belegten. Die Festung, die auch den Angriffen deutscher Bomber ausgesetzt war, besaß keine Fliegerabwehr. Die Deutschen ließen u.a. eine 1000-Kilo-Bombe fallen. Fähnrich Hellandsö berichtete, dass er mit einem Feldstecher das Flugzeug beobachtete, als es sich näherte. Im Gegensatz zu den anderen deutschen Flugzeugen war es silbergrau; man nahm deshalb an, es handle sich um einen Engländer. Die deutsche Maschine ließ etwas fallen; man glaubte, es sei »ein Postsack« für die Besatzung. Aber dann vernahm man das Heulen der Bombe und konnte sich gerade noch zu Boden werfen. Die Bombe traf ein Lager vor dem Festungsplateau. Das Lagergebäude war ungefähr 50 m lang. Nichts blieb davon nach dem Einschlag mehr übrig. Nur ein einziger Krater war zu erblicken.

Als erste Luftschutzmaßnahme mussten die Tunneleingänge gedeckt werden. Wenn eine Bombe vor einem offenen Tunneleingang explodierte, würde der Luftdruck alle, die sich im betreffenden Tunnel aufhielten, zum anderen Ende hinausblasen. Abgekocht wurde im Tunnel. Der Rauch, der zur Tunnelöffnung herausquoll, war für feindliche Flugzeuge ein guter Wegweiser. Deshalb wurde jedesmal beim Abkochen drunten im Lager ein Holzstoß angezündet, um den Feind irrezuführen.

Solange die Kämpfe anhielten, bewegten sich immer

außerhalb der Festung norwegische Skipatrouillen. Skis waren in genügender Menge vorhanden; aber viele wurden bei Bombenangriffen zerstört. Bei der Kapitulation fanden sich noch ca. 50 Paar Skis vor.

Dass den Verteidigern von Hegra der Humor nicht abging, zeigt folgende Episode: Drei deutsche Soldaten hatten sich verirrt und gelangten, nichts Böses ahnend, bis zum Eingang der Festung. Major Holtermann erteilte Befehl, nicht auf sie zu schießen; aber wenn sie ganz nahe herangekommen wären, sollte ein Warnungsschuss abgefeuert werden; dies sollte die Deutschen nachdenklich stimmen. Als sich die Deutschen gerade beim Eingang befanden, krachte der Schuss, was zur Folge hatte, dass alle drei mit Blitzesschnelle den Abhang hinunter verschwanden.

Zwei Ärzte befanden sich auf Hegra. Der eine, Dr. Finsen, besaß vom Krieg in Spanien und in Finnland große Erfahrung. An Sanitätsmaterial verfügte man jedoch nur über Verbandstoff und Morphium. Sanitätsmaterial war unterwegs, konnte aber nicht herangebracht werden, weil die Festung bereits von aller Zufuhr abgeschnitten war. Das Krankenzimmer auf Hegra war mit Verwundeten gefüllt. Es gelang zu Beginn, mit den Deutschen ein Abkommen zu treffen, so dass die Verwundeten richtige Pflege erhalten konnten. Major Holtermann anerbot sich nämlich, die verwundeten deutschen Gefangenen auszuliefern, falls er gleichzeitig seine eigenen verwundeten Leute in ein Spital drunten im Tal schicken könne. Die Deutschen waren mit diesem Vorschlag einverstanden, und ein Norweger stieg nach Hegra hinauf, um die Verwundeten abzuholen.

Gegen Ende der Belagerung gab es unter der Besatzung viele Fälle von Lungenentzündung. Wenn wir ihr Nachtlager kennen, so kann uns dies nicht erstaunen. In einem Tunnel lagen den Wänden entlang Pritschen mit Stroh. Der Fels war geborsten, und das Wasser sickerte an den Wänden herunter, so dass die Besatzung fast einen Monat lang im Wasser lag. Während der ganzen Belagerung kam niemand aus den Kleidern oder aus den Schuhen.

Das Schlimmste war jedoch, dass der Proviant ausging. Dieser Umstand – wie die Tatsache, dass Hegra allein in ganz Tröndelag noch Widerstand leistete – war der Hauptgrund zur Kapitulation. In den ersten acht Tagen war genügend Proviant vorhanden; damals glaubte man auch, man könne die Vorräte nach und nach erneuern. Doch die Zufuhr wurde unterbunden, und während der letzten Zeit musste man sich an Grütze, Kaffee und Zigaretten halten.

Der tapfere Widerstand der Festung Hegra ist von der deutschen Heeresleitung offiziell anerkannt worden. In einer Bekanntmachung des deutschen Kommandanten in Trondheim heißt es: »Nachdem die Besatzung der norwegischen Festung Hegra 23 Tage lang tapferen Widerstand geleistet hat, wurde am 5. Mai auf der Festung die weiße Flagge gehisst. Gleichzeitig stellte sich der Kommandant der Festung, Major Holtermann, gefolgt von Wachtmeister Holst, beim Befehlshaber der Belagerungstruppen ein. Verhandlungen über die Kapitulation der Festung wurden eingeleitet. Die deutschen Soldaten sprechen der tapferen Besatzung von Hegra ihre Anerkennung aus und sehen in dem zähen Widerstand einen Beweis für die guten soldatischen Eigenschaften der Verteidiger.«

In dem Bericht des deutschen Kommandanten steht über den Anlass zur Kapitulation noch folgendes: »Die Festung kapitulierte wegen ungenügender Verpflegung – nur noch eine knappe Tagesration war vorhanden. Am 17. April wurde die Wasserleitung durch Artilleriefeuer zerstört; das gleiche Schicksal traf am 18. die Beleuchtungsanlage. Später musste man Schnee schmelzen, um Trinkwasser zu erhalten. Nach der Zerstörung der Beleuchtungsanlage behalf man sich mit Petrol. Auch dieser Umstand trug zur Kapitulation bei. Während der ganzen Belagerung war es der Besatzung unmöglich, Nachrichten von der Außenwelt zu erhalten. Erst in den letzten Tagen gelang es einer Skipatrouille, einen Radioapparat in die Festung zu bringen.«

Von den Verteidigern auf Hegra waren sieben gefallen.

Als die Kapitulation in die Wege geleitet wurde, war die Festung Hegra militärisch nicht niedergekämpft. Ihre Lage war äußerst günstig: nur durch sehr komplizierte und verlustreiche Operationen über die Berge hätte Hegra genommen werden können. Nicht nur für die Küsten-, sondern auch für die Gebirgsbefestigungen bestanden in Norwegen gute natürliche Verteidigungsmöglichkeiten.

Der Rückzug der Alliierten aus Südnorwegen

Als die englischen Streitkräfte in Aandalsnes und Namsos wieder eingeschifft worden waren, war anfangs Mai in einer englischen Zeitung folgendes zu lesen: »Uns ist kein Gegenstück dafür bekannt, dass eine militärische Aktion auf solche Weise wie ein Kartenhaus zusammengefallen ist.« Eine Menge Faktoren haben zum englischen Zusammenbruch beigetragen. Eines steht fest: die Engländer ließen sich überrumpeln, unterschätzten ihren Gegner und improvisierten dort, wo ein entschlossener und planmäßiger Einsatz aller Kräfte notwendig gewesen wäre.

Der Hauptgrund der englischen Niederlage war jedoch die deutsche Überlegenheit in der Luft. Die deutsche Führung kannte die große Bedeutung der Luftwaffe genau und setzte sich deshalb sofort in Besitz aller Flugplätze in Süd- und Mittelnorwegen. Die englische Luftwaffe unternahm schon in den ersten Tagen Gegenangriffe. Die Flugplätze bei Oslo, Kristiansand, Stavanger u. a. m. sind mehrere Male von englischen Bombenflugzeugen schwer beschädigt worden, so dass sie für gewisse Zeit unbrauchbar waren – aber dies war auch alles. Die Engländer mussten von ihren englischen Basen aus operieren. Die Deutschen operierten von den norwegischen Flugplätzen aus und verfügten über die dänischen Basen als erste Reserve. Die Engländer hielten nach einer günstigen Landesteile in Südnorwegen Ausschau; sie entschieden sich für ein zugefrorenes Gewässer bei Lesjaskog in Romsdal nordwestlich von Dombaas. Der Landungsplatz wurde gebahnt, Munition und Benzin wurden herbeigebracht. Als sich alles in Ordnung befand, erschienen 19 englische Gladiator-Flugzeuge. Tags darauf wurden sie von den deutschen Bombern überrascht und an Ort und Stelle zerschmettert. Gleichzeitig wurden die Plätze, wo die Engländer Truppen und Material an Land setzten, von der deutschen Luftwaffe in eine Hölle verwandelt.

Nicht nur deshalb musste der »Trondheim-Plan« scheitern. Worin bestand denn dieser Plan? Die ersten Tage nach dem 9. April kam man in verantwortlichen englischen Kreisen zum Ergebnis, dass die wirksamste alliierte Hilfe für Norwegen in der Zurückeroberung von Trondheim bestehe. Diese Aufgabe fiel vor allem der britischen Flotte zu. Sie hätte in den Trondheimfjord einlaufen, die feindlichen Kriegsschiffe zerstören und darauf die Stadt und den Lufthafen einnehmen müssen. Die glückliche Durchführung dieses Planes wäre durch einige Umstände begünstigt worden: die Deutschen hatten bei Trondheim noch keine eigene Küstenartillerie in Stellung gebracht, und Trondheim war durch norwegische Streitkräfte, die nördlich der Stadt, auf Hegra und in Östland standen, isoliert und vor allem von jeder direkten Verbindung mit Oslo abgeschnitten. Der Trondheim-Plan wurde der norwegischen Regierung vorgelegt und erhielt ihre Unterstützung. In England war

u. a. Admiral Sir Roger Keyes ein eifriger Befürworter des Planes.

Das erste, was indes die Alliierten in Südnorwegen unternahmen, war nicht eine Flottenaktion gegen Trondheim, sondern die Landung schwächerer Streitkräfte in Namsos und Aandalsnes – am 15. und 17. April und später. Der ursprüngliche Plan schien abgeändert worden zu sein und zwar so, dass der Angriff auf Trondheim gemeinsam von der britischen Flotte und den alliierten und norwegischen Streitkräften, die nördlich und südlich der Stadt standen, durchgeführt werden sollte. Aus einer englischen Quelle ist ersichtlich, dass der Vorstoß am 25. April, also 16 Tage nach dem deutschen Angriff stattfinden sollte. Zu diesem Zeitpunkt bestanden allerdings die oben erwähnten, für die Alliierten günstigen Umstände zum Teil nicht mehr.

Wie man weiß, kam es am 25. April zu keiner Aktion; statt dessen zogen die Alliierten ihre Landungstruppen in Aandalsnes und Namsos zurück und gaben den ganzen Trondheim-Plan auf. Von Seiten der englischen Regierung ist später geltend gemacht worden, dass die Expeditionsstreitkräfte zu schwach waren. Es wurde auch behauptet, man habe von den deutschen Kriegsschiffen im Trondheimfjord nicht genügend Notiz genommen; und schließlich wurde die deutsche Überlegenheit in der Luft zugegeben. Es ist aber auch bekannt geworden, dass der Stab der britischen Admiralität den Plan ausgearbeitet und befürwortet hatte, während das Combined Committee of the Chiefs of Staff der Alliierten den Plan verwarf. Wir dürfen annehmen, dass nicht nur England und Frankreich in dieser Angelegenheit uneins waren, sondern dass auch das englische Kriegskabinett mit seiner damaligen Zusammensetzung keinen besonderen Eifer zeigte, die von den Spezialisten der Admiralität vertretene Ansicht in die Tat umzusetzen.

Juni 1940 hat Generalmajor Sir Charles Gwynn in einem Artikel hervorgehoben, es sei unsicher, ob man bei der Entsendung des Expeditionskorps Klarheit über das Kräfteverhältnis in der Luft besessen habe. Gwynn ist der Ansicht, dass das Bestreben, die Norweger militärisch zu unterstützen und Trondheim zurückzuerobern, die Unterschätzung der Schwierigkeiten verzeihlich mache. Er sprach aber auch ganz offen seine Meinung aus: »Jetzt da der Krieg ernsthaft begonnen hat, dürfen wir uns gratulieren, dass wir unsere Verpflichtungen weise beschränkt und uns nicht allzusehr engagiert haben.«

Ein anderer englischer Offizier, General John Charteris, hat folgenden Kommentar gegeben: »Die hastig improvisierten und schlecht ausgerüsteten schwachen Streitkräfte, die nach Norwegen hinüber geworfen wurden – wo sie wenig oder nichts ausrichten konnten brachten immerhin den Beweis dafür, wie leicht der deutsche Angriff hätte abgewiesen werden können.« Charteris gibt also doch zu, dass die Expedition nach Südnorwegen improvisiert wurde und die englischen Streitkräfte schlecht ausgerüstet waren.

Lehmkuhl erwähnt in seiner Broschüre, die vom Informationsbureau der norwegischen Regierung herausgegeben worden ist, einen autoritativen englischen Bericht über die alliierte Hilfeleistung. Darin verlautet, dass die beiden ersten Brigaden am 12. April in England verschifft wurden. Diese Brigaden waren für Nordnorwegen bestimmt. Eine davon wurde unterwegs nach Aandalsnes befohlen, um an einem konzentrischen Angriff auf Trondheim teilzunehmen. Die andere stieg in Namsos an Land. Die Pläne für den Angriff auf Trondheim mussten geändert werden, heißt es in der englischen Darstellung, weil das norwegische Oberkommando um augenblickliche und möglichst große Verstärkungen für den Süden anhielt. Das britische Oberkommando konnte diese Bitte der hart bedrängten norwegischen Truppen nicht abweisen. Es war für die englischen Streitkräfte in Südnorwegen unvorteilhaft, Trondheim den Rücken zukehren zu müssen. Dies trug dazu bei, die Niederlage unvermeidlich zu machen, besagt der englische Kommentar und fügt hinzu: »Die Truppen wurden per Bahn und Auto von Aandalsnes gegen Oslo geführt; dies hatte zur Folge, dass aus dem vereinten Angriff auf Trondheim nichts wurde. Statt dessen fanden zwei kleinere kurze und äußerst unglückliche Kämpfe statt, um Ziele, die mit den noch verfügbaren Truppen nicht erreicht werden konnten. Diese Kämpfe wurden von zwei vollständig getrennten Truppenabteilungen ausgetragen, die in Namsos und Aandalsnes primitive und ganz ungenügende Nachschub- und Rückzugshäfen besaßen. Das Schicksal dieser Streitkräfte war besiegelt, nicht zuletzt deshalb, weil keine Flugzeuge und keine Artillerie zur Verfügung standen. Auch verfügten die Truppen nicht über die nötige Übung und Ausbildung. Die Ausrüstung war schlecht und konnte den gestellten Anforderungen nicht genügen.«

Lord Strabolgi unterstreicht in seinem Buch über Norwegen die Stärke der deutschen Luftwaffe und die Tatsache, dass die Alliierten über keine Flughäfen verfügten. Er hebt auch die Bedeutung dessen hervor, dass die Deutschen mit jeder Woche, die verfloss, neue Verstärkungen an Mannschaft, Kampfwagen und Artillerie nach Oslo bringen konnten. Des weitem verrät Strabolgi, dass die Engländer bei Kriegsausbruch am 9. April keinen ausgearbeiteten Plan für Norwegen besaßen. Dies – sofern es seine Richtigkeit damit hat – wirft ein neues und scharfes Licht auf die seltsame Art von Kriegsvorbereitung und Kriegsführung, welche die damalige englische Regierung trieb. Strabolgi, der 1914–1918 im englischen Admiralstab tätig war, berichtet, dass damals detaillierte Vorbereitungen getroffen worden waren, um einer deutschen Besetzung Norwegens entgegentreten zu können. Diesmal, hebt Strabolgi hervor, sind keinerlei Maßnahmen getroffen worden. Das für Finnland aufgestellte und oft erwähnte Expeditionskorps soll aufgelöst worden sein. Die Streitkräfte, die nach Norwegen geschickt wurden, sind in der letzten Minute und ohne genügende Vorbereitungen aufgestellt worden.

In seiner Unterhausrede vom 2. Mai 1940 machte Chamberlain folgendes geltend: »Vor ungefähr einem Monat wurde beschlossen, für den Fall eines deutschen Angriffs auf Südnorwegen gewisse schwächere Streitkräfte, welche norwegische Häfen an der Westküste besetzen sollten, in Bereitschaft zu halten.« Chamberlain fügte hinzu, dass jede Aktion, die von den Alliierten in Erwägung gezogen wurde, erst dann durchgeführt werden sollte, wenn Deutschland die Neutralität Norwegens verletzt hätte. Anderseits führte der damalige Kriegsminister Oliver Stanley am 7. Mai 1940 aus, dass »wir erst nach Landungshäfen Umschau zu halten begannen, nachdem die Hilfe für Norwegen beschlossen worden war«. Diese beiden Äußerungen und mehrere Umstände, die anlässlich des Einsatzes des Expeditionskorps in Norwegen an den Tag kamen, geben den oben erwähnten Ausführungen Strabolgis recht. Die alliierte Aktion war improvisiert worden, und vor allem deshalb missglückte sie.

Gleich nach dem 9. April erfuhr man, dass – angesichts der Straßen- und Witterungsverhältnisse in Norwegen – das britische Oberkommando den Wert von Kampfwagen und motorisierten Einheiten als äußerst gering einschätze. Man stellte sich vor, dass die mechanisierten deutschen Abteilungen Norwegen nicht auf gleiche Weise wie Polen aufrollen könnten. In solchen Überlegungen lag gewiss etwas Richtiges. Aber man machte sich dabei einer Übertreibung schuldig und beging damit einen doppelten Fehler. Erstens unterschätzte man die Möglichkeiten, welche sich motorisierten Einheiten auch in einem Land wie Norwegen boten. Zweitens glaubte man, dass man das Ganze ruhig nehmen dürfe, während die Deutschen von Anfang an genau wussten, dass jede Minute für den Ausgang des norwegischen Feldzuges von Bedeutung war.

Die Aktion der Alliierten in Norwegen war von Beginn an durch Überstürzung und Halbheit gekennzeichnet. Dies trat noch deutlicher hervor, als die drei englischen Bataillone im Gudbrandsdal und die Brigade in Nord-Tröndelag von den Deutschen zurückgeworfen wurden. Nach offiziellen englischen Angaben wurden in Aandalsnes und Namsos 12000 Mann wieder eingeschifft. Die Verluste dieser Truppen an Gefallenen und an Gefangenen betrugen nur wenige hundert Mann. Zu den englischen Streitkräften kam außerdem noch das französische Alpenjägerkorps im Abschnitt von Namsos. Es kam aber kaum zum Kampf, weil sein Material zum größten Teil beim Bombardement von Namsos zerstört worden war. Ein polnisches und ein tschechisches Detachement, die nach Südnorwegen geschickt werden sollten, gelangten nicht ans Ziel. Zu dem Zeitpunkt, da die alliierten Streitkräfte evakuiert wurden, befanden sich vermutlich schon gegen 150 000 Deutsche in Norwegen. Die Deutschen selbst geben an, dass sie während des Krieges 150 000 Mann nach Norwegen übergesetzt haben.

Im Mai wurde in einer Regierungserklärung im Unterhaus mitgeteilt, die ursprünglich geplante Flottenaktion gegen Trondheim sei deshalb abgeblasen worden, weil man nach der gelungenen Landung in Namsos und Aandalsnes hoffte, von diesen beiden Orten aus Trondheim nehmen zu können. Wahrscheinlich ging jedoch der Regierung in London die Erkenntnis auf, dass die Aktion in Südnorwegen gleich nach dem 25. April hätte in Ordnung gebracht werden müssen – also dem Tag, da die britische Flotte eigentlich hätte in den Trondheimfjord einlaufen sollen. Sonntag den 28. April erhielten König Haakon und die norwegische Regierung von der englischen Regierung Bescheid, sie könnten von einem englischen Kriegsschiff abgeholt und nach Nordnorwegen gebracht werden. Jetzt wusste man genau, was im Anzug war. Der Kreuzer Glasgow kam am 30. April nach Molde. Der König und die Regierung beschlossen, den Kampf im Norden fortzusetzen.

Am 1. Mai verließen die Engländer Aandalsnes. Die Evakuierung des Abschnittes von Namsos sollte gleichzeitig vor sich gehen, wurde aber um einen Tag verschoben. Die Transportschiffe, welche die britischen Streitkräfte an Bord nahmen, mussten fast ohne Unterbruch einen ganzen Tag lang die feindlichen Luftangriffe über sich ergehen lassen; doch behaupten die Engländer, dass kein Schiff getroffen und kein einziger Soldat getötet wurde. Hingegen wurden drei alliierte Zerstörer versenkt, der britische Alfridi, der französische Bison und der polnische Grom. Das Geleitschiff Bittern sank im Hafen. Es war beschädigt und von den Engländern selbst versenkt worden. Außerdem wurde die Versenkung von vier Kuttern gemeldet. Später ist aber mitgeteilt worden, elf Kutter seien verloren gegangen.

Nach dem Rückzug der Alliierten erfolgte automatisch die Kapitulation eines Teils der 2. norwegischen Division unter General Hvinden Haug. Diese Streitkräfte, die 127 Offiziere und ungefähr 2500 Mann zählten, waren nach Aandalsnes verschlagen worden. Am 2. Mai wurde die deutsche Flagge in Aandalsnes gehisst. Die Truppenabteilungen, die sich ungefähr gleichzeitig mit der Einschiffung der Engländer in Gausdal ergaben, waren gegen 200 Offiziere und 3500 Mann stark. Am 3. Mai kapitulierte Oberst Getz mit der 5. Brigade in Nord-Tröndelag. Die Deutschen machten große Beute; darunter befand sich auch ein Teil des Materials und der Vorräte, welche die Engländer bei ihrem hastigen Rückzug nicht hatten mitnehmen können.

Am 3. Mai wurde im deutschen Heeresbericht mitgeteilt, dass in Südnorwegen nur noch an vereinzelten Stellen von isolierten norwegischen Streitkräften Widerstand geleistet würde. Diese Truppen seien wahrscheinlich über die allgemeine militärische Lage noch nicht unterrichtet. Solche Detachemente standen noch in Tröndelag, wo die Deutschen schon früher geklagt hatten, dass sie gegen irreguläre Einheiten und Freischaren zu kämpfen hätten. Nach Selbu war z. B. in der Nacht auf den 28. April ein Trupp von ca. 60 Mann unter Leutnant Fyrvall gekommen. Zur Hälfte bestand er aus schwedischen Freiwilligen. Auch nach der Kapitulation in Nord-Tröndelag und der Übergabe der Festung Hegra kam es hier immer noch zu kleineren Kämpfen.

In Telemark erloschen die Kämpfe in der ersten Maiwoche. In den nördlichen Gegenden des Österdal, in Röros und im Gauldal entbrannte in den ersten Maitagen der Kampf aufs neue. In diesen Gegenden dauerte es noch Wochen, bis die Deutschen die Befriedung herbeigeführt hatten. Auch nachdem Röros am 6. Mai gefallen war, nahm der Kleinkrieg seinen Fortgang. Westlich von Dovre wurden Mitte Mai isolierte englisch-norwegische Streitkräfte festgestellt. Es handelte sich um englische Soldaten, die in Aandalsnes vergessen worden waren. Einigen gelang es, sich nach Schweden durchzuschlagen.

Der Krieg in Südnorwegen war beendet. Aber in Nordnorwegen nahm der Kampf seinen Fortgang.

Der Krieg in der Luft

Die Feldzüge in Polen und in Holland-Belgien-Frankreich wurden als Blitzkriege von den motorisierten deutschen Stoßarmeen gewonnen. In beiden Fällen war von größter Bedeutung, dass die Luftwaffe mit der Panzerwaffe und den mechanisierten Einheiten gemeinsam operierte. Die Luftwaffe eroberte relativ schnell die Luftherrschaft und griff auch aktiv in den Erdkampf ein. Besonders bei der deutschen Offensive im Westen spielten Fallschirmjäger und Luftinfanterie eine entscheidende Rolle. Schon in der ersten Runde fügte die Stoßkeiltaktik der Kampfwagen und der motorisierten Streitkräfte dem Feinde vernichtende Niederlagen zu.

Die Besetzung Norwegens war als Experiment von großer Bedeutung. Zum ersten Mal in der Kriegsgeschichte wurde dort Luftinfanterie zu rein operativen Zwecken verwendet. Die in Norwegen gewonnenen Erfahrungen wurden im Kriege gegen Holland und Belgien verwertet. General Student, der spätere Kommandant der Fallschirmdivisionen, der den Blitzangriff auf Holland einleitete, soll persönlich an den Anfangsoperationen in Norwegen teilgenommen haben.

In der abschließenden Übersicht des deutschen Oberkommandos über den Feldzug in Norwegen wurde ausdrücklich betont, die Luftwaffe sei für die endgültige Durchführung der Operationen der ausschlaggebende Faktor gewesen. In einem Nachtrag wurde darauf hingewiesen, dass die schnelle Eroberung von Oslo und Stavanger nur dank dem Einsatz der Fallschirmjäger und der Luftinfanterie möglich war. Als die Norweger und die Alliierten eine Offensive gegen den Abschnitt von Trondheim planten, wurden mehrere tausend Mann deutscher Truppen auf dem Luftwege dorthin gebracht. In der Gegend von Narvik war für die Deutschen die Lage sehr misslich, nachdem sie sich aus der Stadt hatten zurückziehen und in den Bergen verschanzen müssen. Trotz zahlenmäßiger Unterlegenheit konnten sie sich halten, weil der Nachschub an Material und Soldaten in der Luft vor sich ging. Gebirgsjäger sprangen mit Fallschirmen ab.

Diese Beispiele zeigen, dass die Luftlandetruppen den Ausgang des norwegischen Feldzuges entscheidend beeinflusst haben. Natürlich dürfen wir nicht vergessen, dass bei diesen Truppentransporten die deutsche Luftwaffe kaum auf Widerstand stieß. Die eigentlichen Fallschirmjäger haben eine geringere Rolle gespielt, als man mancherorts hat annehmen wollen. gewiss konnten sie an einzelnen Punkten etwas ausrichten; so wurde Mo in Rana mit Hilfe von Fallschirmjägern genommen. Sprangen diese aber im Rücken der Norweger ab, so konnten sie oft binnen kurzem unschädlich gemacht werden. Dies ist recht erstaunlich; denn eigentlich sollte Norwegen, das von großer Ausdehnung ist und außerdem über keine militärisch genügende

Bewachung verfügte, den Fallschirmtruppen ideale Möglichkeiten bieten.

Während des norwegischen Feldzuges trafen oft Meldungen ein, dass man an bestimmten Orten Fallschirmabspringer gesichtet habe. In den meisten Fällen stellte es sich heraus, dass es sich um unbegründete Gerüchte handelte. Aber solche Gerüchte konnten leicht Verwirrung anrichten. Die psychologische Wirkung der Fallschirmjäger darf nicht unterschätzt werden. Besonders dort, wo die Bevölkerung geistig nicht vorbereitet ist, kann es leicht zu einer Stimmung der Unsicherheit und der Unruhe kommen.

Am ersten Sonntage nach Kriegsausbruch ging ein größeres Detachement von Fallschirmjägern bei Dombaas nieder. Sie hatten offensichtlich die Aufgabe, die Verkehrswege zwischen Aandalsnes und dem Abschnitt von Lillehammer zu zerstören. Möglicherweise sollten sie gleichzeitig die norwegische Regierung aufspüren, die sich zur Zeit in jenen Gegenden aufhielt. Ein Minister geriet denn auch mitten ins Feuer hinein; mehrere norwegische Soldaten fielen an seiner Seite. Die Deutschen waren mit dem modernsten Material ausgerüstet: leichte Maschinengewehre, Maschinenpistolen, Schweißapparate, um die Bahngeleise zu durchschneiden, Nahrung in Tablettenform, zusammenlegbare Fahrräder usw.

Am 18. April hatten sich Fallschirmtruppen in einem Stall in der Nähe von Dombaas verschanzt. Sie hatten einige norwegische Zivilisten als Geiseln mit sich genommen. Die norwegischen Soldaten zeigten große Einsatzbereitschaft und versuchten, den Gegner unschädlich zu machen. Die Ausfälle der Deutschen verliefen ergebnislos. Dagegen wurden 25 Deutsche verwundet und getötet, als die Norweger mit Maschinengewehren und Handgranaten zum Angriff übergingen. Die Norweger brachten eine Haubitze und eine Fliegerabwehrkanone in Stellung; an dieser war die Lafette geändert worden, so dass horizontal geschossen werden konnte. Am 20. sahen die Deutschen die Hoffnungslosigkeit ihrer Lage ein.

Während der Kämpfe um das Gebiet von Björnefjell in Nordnorwegen wurden zahlreiche Fallschirmabspringer eingesetzt. Einige landeten auf dem schwachen, nicht tragfähigen Eis der kleinen Seen. Es wurde auch beobachtet, dass sich nicht alle Fallschirme öffneten.

Die vielen Kriegsschäden in Norwegen sind vor allem durch Luftangriffe entstanden. Wir haben bereits erwähnt, dass Ortschaften wie Elverum, Voß, Aandalsnes, Stemkjer und Namsos nahezu dem Erdboden gleichgemacht worden sind. In den Tagen um den 1. Mai wurden vor allem die Städte in Möre bombardiert: Kristiansund, Molde und Aalesund. Durch eine große Feuersbrunst, welche durch das Bombardement entstand, wurden beispielsweise in Kristiansund 730 Häuser zerstört; von den 1000 Einwohnern der Stadt wurden 8000 obdachlos. In Molde wurden das ganze Geschäftsviertel und 394 Häuser in Trümmer gelegt. In Bodö wurden 380 Häuser ausradiert, in Narvik 414. Von den 6000 Einwohnern Narviks verloren 4000 ihr Heim. Außer diesen Städten wurden auch Fauske, Värdalsöra, Sunndalsöra, Kvam, Tretten, Rena, Ulvik und Dombaas von den deutschen Bombern schwer heimgesucht – in dem Grad, dass Pläne für einen Wiederaufbau entworfen werden mussten.

Ulvik in Hardanger wurde von deutschen Seestreitkräften in Trümmer verwandelt, weil die Zivilbevölkerung auf deutsche Soldaten geschossen hatte. In einem deutschen Communiqué, welches nach diesem Vorfall erschien, steht folgendes: »Als Antwort auf diesen lumpigen und feigen Überfall, der christlicher Menschen nicht würdig ist, erteilte der deutsche Kommandant Befehl, Ulvik mit Ausnahme der Kirche bis zum letzten Haus und zur letzten Mauer zusammenzuschießen. Rauchwolken erzählten davon, dass der Befehl ausgeführt worden war.«

Auf dem Lande entstanden die meisten Bombenschäden in Haugsbygda, Bagn, Gausdal, im Gudsbrandsdal, in Dovre und Lesja, im Österdal und in Trysil und in einigen kleineren Ortschaften in Nordnorwegen. In dieser Gegend waren im Herbst 1940 immer noch 25 000–30 000 Menschen wegen des Krieges obdachlos.

Die norwegische Regierung hat gegen Deutschland schwere Anklagen erhoben, weil im Luftkriege zwischen militärischen und zivilen Zielen kein Unterschied gemacht worden sei. In einem Bericht an das Internationale Rote Kreuz in Genf hat die norwegische Regierung einen speziellen Fall hervorgehoben, der nach ihrer Ansicht eine Anschuldigung rechtfertigte. Am 29. April wurde das Lazarettschiff Brand IV in der Nähe von Aalesund von zwei deutschen Flugzeugen angegriffen. Die Flugzeuge warfen zuerst Bomben ab und eröffneten darauf das Feuer aus ihren Maschinengewehren. Fünf Leute an Bord des norwegischen Schiffes wurden getötet, darunter ein Arzt und zwei Krankenschwestern. Bei einer anderen Gelegenheit wurde das Lazarettschiff Dronning Maud am 2. Mai in der Nähe

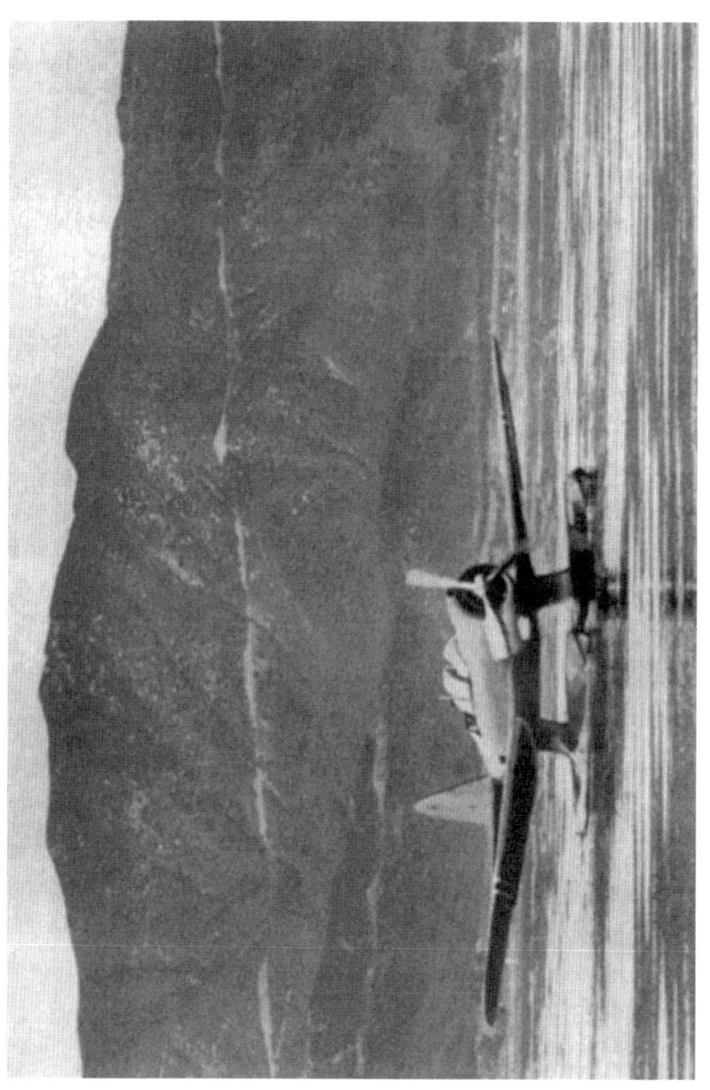

So sieht es in den norwegischen Fjorden aus.

von Gratangen von deutschen Flugzeugen angegriffen. 20 Menschen wurden getötet und 33 verletzt, davon 13 schwer. Die norwegischen Schiffe waren mit großen sichtbaren roten Kreuzen versehen.

Es sei noch in diesem Kapitel von der schwachen norwegischen Luftwaffe kurz die Rede. Als die Deutschen am Morgen des 9. April den Flugplatz von Kjeller angriffen, retteten sich sieben Fokker- und zwei Mothflugzeuge in den Stensfjord. Einige moderne Curtißflugzeuge fielen in deutsche Hand. Auch vom Flugplatz Sola aus gelangten ein Capronibomber und drei Fokker in den Stensfjord. Schließlich erschienen dort noch zwei Jagdflugzeuge aus Fornebu. Dort hatte die Jagdflottille drei Viertelstunden lang den überlegenen deutschen Streitkräften Widerstand geleistet; sechs Norweger waren gefallen. Alle neun Flugzeuge, die sich in Värnes befanden, konnten gerettet werden. Bardufoß in Nordnorwegen konnte von den Deutschen nicht genommen werden und diente während des Krieges im Norden den Norwegern als Flugbasis. Die Marineflugzeuge bei Kristiansand und ebenso die Flugzeuge bei Bergen und Stavanger entkamen. In Westnorwegen wurden die Marineflugzeuge zur Aufklärung und zur Bombardierung von deutschen Schiffen und Befestigungen verwendet. In Südnorwegen gelang es der norwegischen Luftwaffe, 20 bis 30 deutsche Maschinen abzuschießen. Mehrere Flieger bewiesen, dass sie trotz ihrer Spezialausbildung auch zu Lande zu kämpfen verstanden. Die norwegische Luftwaffe wurde in Nordnorwegen reorganisiert und nahm an den dortigen Kämpfen aktiv teil. Nach beinahe prähistorischen Methoden wurden auf die deutschen Stellungen Bomben abgeworfen.

Zur Zeit der Kapitulation in Nordnorwegen flogen einige norwegische Flugzeuge nach den Shetlandinseln hinüber. Darunter befanden sich Maschinen, welche den Deutschen durch Überrumpelung abgenommen worden waren. Wieder andere Flugzeuge flogen nach Petsamo, wo sie interniert wurden. Der Rest wurde zerstört, bevor die Deutschen herankamen.

Es waren aber die Engländer, welche der deutschen Luftwaffe die schwersten Verluste zufügten. Nach eigenen Angaben vernichteten sie im ersten Kriegsmonat wenigstens 200 deutsche Flugzeuge oder machten sie kampfunfähig. Die Deutschen gaben zu, dass sie während des ganzen Feldzugs 117 Flugzeuge verloren hatten.

Die deutsche Kriegsführung zu Lande

Wir haben gesehen, dass die Deutschen im Laufe von drei bis vier Wochen überall in Südnorwegen den Widerstand brachen. Warum haben denn die Norweger nicht in höherem Maße aus ihren natürlichen Bundesgenossen, dem Gelände und dem Klima, Nutzen gezogen? Im norwegischen Terrain konnten die Verteidiger nicht in einer offenen Feldschlacht geschlagen werden. Der deutsche Soldat wird ja in erster Linie für die offene Feldschlacht ausgebildet. gewiss werden in Deutschland sowohl Infanteristen als auch Pioniere und Artilleristen für den Gebirgskrieg vorbereitet; aber der eigentliche Gebirgskrieg, wie er im Gebiete von Narvik geführt wurde, ist Sache der bayrischen und österreichischen Gebirgstruppen. Deutsche Militärschriftsteller haben kein Geheimnis daraus gemacht, dass die deutschen Truppen in den norwegischen Gebirgsgegenden anfangs oft in Verwirrung gerieten; denn die Verteidiger nützten das Gelände aus, indem sie mit Hinterhalten, Überrumpelungen, Sperren, Sprengung und Zerstörung von Verbindungen operierten. Gleichzeitig konnten die Angreifer einige Waffen nicht verwenden, die in der offenen Feldschlacht die wichtigste Rolle spielen. Von deutscher Seite ist auch darauf hingewiesen worden, welche Verwirrung die norwegischen Skipatrouillen anrichteten, wenn sie wirklich aktiv in den Kampf eingriffen.

Die Deutschen waren zwar an Kriegsmaterial überlegen; dafür konnten die Verteidiger die Vorteile ausnutzen, welche ein Land mit Bergen und Wäldern und schlechten Straßenverbindungen bietet. Die Norweger konnten aus ihren natürlichen Bundesgenossen deswegen so geringen Nutzen ziehen, weil sich die norwegische Kriegsmacht in schlechtem Zustand befand, und weil vor der deutschen Invasion keine Vorbereitungen zur Führung des »Kleinkriegs« getroffen worden waren.

Es dürfte angebracht sein, in diesem Zusammenhang von Sperren und Sprengungen zu reden und auch davon, wie die Deutschen diese Hindernisse überwanden. Straßensperren wurden oft mit Hilfe von Bäumen und Baumstämmen angelegt – sie erwiesen sich als unwirksam und konnten den deutschen Vormarsch nur für kurze Zeit aufhalten. Zu Beginn des Krieges kam es nicht selten vor, dass die Norweger auf ihrem eiligen Rückzug kurzerhand Bäume und Baumstämme über die Straße warfen. An einzelnen Stellen konnten hinter den Sperren Maschinengewehrnester eingerichtet werden. In solchen Fällen verfuhren die Deutschen folgendermaßen: ein Panzerauto fuhr vor und warf Seile mit Haken auf die Sperre; darauf fuhr das Auto zurück und zerstörte so die Straßensperre. Anderorts genügte es auch, dass ein Kampfwagen in die Sperre hineinfuhr und so die Straße freilegte.

Einige Straßen sperrten die Norweger mit Felsblöcken, welche sie aus den Felsen herausgesprengt hatten. Solche

Sperren wurden forciert, indem deutsche Pioniere die Blöcke entzweisprengten und die Trümmer auf die Seite räumten. Während des Krieges in Norwegen wurden viele Landstraßen- und Eisenbahnbrücken gesprengt. In vielen Fällen wurden jedoch die Sprengungen so mangelhaft ausgeführt, dass die Ausbesserung der Brücken nicht viel Zeit in Anspruch nahm. Manchmal gelangen die Sprengungen überhaupt nicht. Und waren auch Brücken zerstört worden, so konnten in jener Jahreszeit vielerorts Umgehungsmanöver über das Eis vorgenommen werden.

Die deutschen Pioniertruppen leisteten Hervorragendes. Alles war gut vorbereitet, und oft wurden erstaunliche Resultate erzielt. Es war nichts Ungewöhnliches, dass Feldbrücken an einem Tage geschlagen wurden. An anderen Stellen fuhr man sofort Material für Pontonbrücken heran. Die Deutschen geben indes zu, dass diese Arbeit recht viele Opfer forderte. In dem Buche »Kampf um Norwegen« wird z. B. aus Nordland erzählt: »Am jenseitigen Ufer steht ein Kreuz. Ein Pionierunteroffizier ertrank hier in den tosenden Wirbeln des Stromes, als er mit der ersten Fähre übersetzte, um die Tragfähigkeit zu erproben. So ist es an all den zahllosen Fähren in Norwegen, die gesprengte Brücken oder versenkte Fähren ersetzen müssen. Immer wieder kündet ein schlichtes Kreuz von den Opfern, die unsere Pioniere bei ihrer schweren oder gefährlichen Arbeit bringen mussten.«

Der Bericht des Oberkommandos vom 13. Juni hat den Einsatz der deutschen Panzerwaffe nicht besonders erwähnt. anlässlich einer Parade in Oslo erinnerte jedoch General von Falkenhorst in seiner Ansprache daran, dass man der Panzerwaffe für vieles zu danken habe. Neben der Luftwaffe ist ja die Panzerwaffe derjenige Faktor, welcher den Deutschen die großen militärischen Triumphe eingebracht hat. Die Panzereinheiten und die motorisierten Abteilungen, die gemeinsam operieren, treiben tief in die feindliche Front einen Keil hinein und zerschneiden sie, so dass es in den meisten Fällen nicht mehr möglich ist, wieder eine zusammenhängende Frontlinie herzustellen. Gerade diese für Panzerangriffe »klassische« Form bewährte sich in Polen; in einem Land wie Norwegen hingegen konnte sie nur in beschränktem Umfang zur Anwendung gelangen. Das Gelände eignete sich für größere selbständige Panzeraktionen nicht.

Dies bedeutet anderseits keine Verkleinerung dessen, was die mechanisierten Truppen in Norwegen geleistet haben. Sie haben den Vorstoß der deutschen Streitkräfte im Gudbrandsdal und im Österdal entscheidend unterstützt. Die Beweglichkeit der deutschen Abteilungen sicherte ihnen oft einen wichtigen Vorsprung.

In einer Wertung des norwegischen Feldzuges in »Die Wehrmacht« wird festgestellt, dass sich die Kampfwagen nicht nur auf Landstraßen, sondern auch auf steilen und vereisten Wegen im Gebirge als äußerst wirksam erwiesen. Außerdem wird hervorgehoben, dass die Kampfwagen oft durch ihr bloßes Erscheinen von großer Wirkung gewesen sind. Darauf ist auch von norwegischer Seite hingewiesen worden: besonders dort, wo man nicht über die notwendigen Abwehrwaffen verfügte, wurde man durch Kampfwagen in ein Gefühl der Ohnmacht versetzt; denn sie wirkten durch ihr Erscheinen demoralisierend. Die Kampfwagen waren – laut einem anderen Artikel in »Die Wehrmacht« – schon deshalb von ganz großer Bedeutung, weil diese Waffe dem Gegner fehlte. Doch wird zugegeben, dass der Aktionsradius der Kampfwagen in Gebirgsgegenden begrenzt ist.

Ein Beispiel für den überraschenden Einsatz von motorisierten Truppen konnte man in den Tagen um den 1. Mai im Österdal beobachten. Auf norwegischer Seite vermutete man, das motorisierte Detachement des Gegners ziehe sich in südlicher Richtung zurück. Die motorisierten deutschen Streitkräfte rückten aber in nordwestlicher Richtung über die Berge vor, über Kvikne gegen Ulsberg. Auch in den Kämpfen südlich von Otta haben die Kampfwagen ihre Fähigkeiten unter Beweis gestellt. Die Norweger und die Engländer hatten das Tal mit Artillerie und Maschinengewehren gesperrt, so dass sie die Straße und die Talengen beherrschten. Ihre Stellung schien uneinnehmbar zu sein. Trotzdem gelang es den Deutschen, durch einen konzentrierten Einsatz von Flugzeugen und Kampfwagen die Stellung im Laufe von ein paar Tagen zu nehmen.

Die Auffassung, eine motorisierte Truppe könne in einem gebirgigen Lande nichts erreichen, muss also zurückgewiesen werden. Natürlich hätten die motorisierten deutschen Streitkräfte manche unbehagliche Überraschung erleben können, wenn sie auf eine wirksame Verteidigung gestoßen wären. Denn in Gebirgsgegenden ist die Lage der Verteidiger noch nicht hoffnungslos, auch wenn motorisierte Truppen an einem oder dem anderen Punkt einen Durchbruch erzwungen haben. In solchen Gegenden, wo Straßen beinahe ganz fehlen und die Luftwaffe nur mit

Mühe eingreifen kann, könnte die »Stoßkeiltaktik« der Kampfwagen und der motorisierten Truppen sehr leicht dazu führen, dass die Angreifer selber abgeschnitten und isoliert würden – vorausgesetzt, es gelänge den Verteidigern, das Gelände neben den Straßen und Wegen zu halten.

Dasselbe gilt auch für die Fallschirmtruppen. Der Vorteil, in einem dünn bevölkerten und besiedelten Land mit schwacher militärischer Bewachung eingesetzt zu werden, kann sich leicht in einen Nachteil verwandeln: die Fallschirmjäger können selbst den geographischen Verhältnissen zum Opfer fallen.

Der Krieg in Nordnorwegen

In Nordnorwegen war die militärische Lage für die Norweger bedeutend günstiger als in Mittel- und in Südnorwegen. Ein Teil der 6. Division unter Generalmajor Carl Fleischer hatte während des finnisch-russischen Krieges als Grenzwache Dienst geleistet. Auch einige Detachemente aus dem Süden standen auf Grenzwacht im Distrikt der 6. Division. Ein Teil der Division war somit aufgestellt, eingeübt und ausgerüstet, als am 9. April 1940 der Krieg ausbrach. Weil sich die deutsche Aktion in ganz Nordnorwegen auf das Gebiet von Narvik beschränkte, konnte hier die Mobilmachung auch leichter durchgeführt werden. Sie konnte nicht durch Luftangriffe gestört werden, weil ja die Deutschen über keine nordnorwegischen Flugbasen verfügten.

Das deutsche Expeditionskorps, das in Narvik an Land stieg, bestand aus einem Regiment Gebirgsjäger. Die Stärke des Regiments mag etwa 3000 Mann betragen haben. Sein Kommandant, der hier die Operationen bis zum Ende der Kämpfe im Juni leitete, war Generalleutnant Eduard Dietl, ein Mann in den 50er Jahren, der seine Laufbahn als Leutnant im vorigen Weltkriege begonnen hatte. Nach dem

Weltkrieg nahm er, der selber Bayer ist, am Zuge des Freikorps von Epp auf München teil. Bereits im Jahre 1919 schloss er Bekanntschaft mit Hitler. 1938 kam Dietl als Regimentskommandant nach Österreich, und im polnischen Feldzug führte er eine Division österreichischer Gebirgsjäger. Nach der Ansicht vieler ist es das Verdienst General Dietls, dass die Deutschen ihre Position in Narvik halten konnten. Auf jeden Fall hat sich Dietl als initiativer, unerbittlicher und ausdauernder Befehlshaber ausgewiesen.

Die Gebirgsjäger wurden durch die Besatzungen der versenkten deutschen Zerstörer in Narvik verstärkt. Nach der Seeschlacht bei Narvik vom 10. April wurde ein erstes Marinebataillon aufgestellt. Nach der vollständigen Vernichtung der deutschen Zerstörerflottille am 13. April wurde ein Regiment Berger gebildet, welches die Erzbahn zwischen Narvik und Riksgränsen besetzen und verteidigen sollte. Die Zerstörerbesatzungen wurden jedoch teilweise in den Verband der Gebirgsjäger eingegliedert. Korvettenkapitän E. O. Busch berichtet, dass alles in allem ungefähr 2500 Matrosen der deutschen Kriegsmarine an den Landoperationen bei Narvik teilgenommen haben. Dazu stießen später Fallschirm- und Luftlandetruppen. Ihre Zahl gibt Busch mit 600 Mann an.

Aber sonst waren die Streitkräfte General Dietls isolierter als irgend ein anderes Detachement der deutschen Besetzungsarmee in Norwegen. Weil die Engländer ihre Seestreitkräfte eingesetzt hatten, konnte der deutsche Nachschub nicht auf dem Seewege aufrecht erhalten werden. Auch ein deutscher Versuch, von Trondheim aus Schiffe mit Truppen nach Süd-Haalogaland zu schicken, missglückte. Ein englischer Zerstörer vereitelte einen späteren deutschen Versuch, auf Küstenschiffen Truppen in den Lyngenfjord östlich von Tromsö zu bringen, um dann von Norden her der Kampfgruppe Narvik zu Hilfe zu kommen. Die Verbindung mit der Außenwelt musste durch die Luft aufrecht erhalten werden. Solange der Krieg in Südnorwegen andauerte, konnte die deutsche Luftwaffe nur in beschränktem Umfange an der Front von Narvik eingreifen. Schließlich sei noch erwähnt, dass die Deutschen mit Artillerie schlecht versehen waren. Schwere Artillerie hatten sie nicht mit sich geführt. Unterwegs war die Gebirgsartillerie teilweise zerstört worden oder über Bord gegangen.

Die Schiffe, die Küstenartillerie und Munition heranbringen wollten, wurden von den Engländern versenkt. Einen gewissen Ersatz fanden die Deutschen in erbeutetem norwegischen Material. Wichtiger war aber, dass sie von den Zerstörern recht viel Geschütze und anderes Material retten und an Land schaffen konnten.

Die Lage der norwegischen Streitkräfte im Norden war trotz alledem nicht beneidenswert. General Fleischer hatte vorerst die mühselige Aufgabe, die Truppen zu besammeln, sie an Patrouillendienst zu gewöhnen und sie im Angriff zu üben. Die Ausrüstung war mangelhaft: die Soldaten mussten oft tagelang ohne Zelt, ohne Feuer und ohne Biwakausrüstung in den Bergen in Schneehöhlen und -bauten liegen. Die regulären norwegischen Streitkräfte im Norden wurden allmählich durch norwegische und alliierte Detachemente verstärkt – die norwegischen bestanden durchweg aus Freiwilligen – und betrugen nach einiger Zeit 25 000 Mann. Wir dürfen allerdings nicht vergessen, dass die Norweger recht viele Leute zum Bewachungsdienst in dieser weitausgedehnten nördlichen Provinz verwenden mussten. Bewaffnete deutsche Fischerboote und Kutter unternahmen da und dort Landungsversuche; zur Abwehr verfügten die Norweger anfänglich nur über kleine freiwillige Detachemente.

Nach der Kapitulation Oberst Sundlos gelang es Major Omdal, einige Truppen, u. a. ein Mitrailleurdetachement, aus Narvik herauszubekommen. Bei Djupvik, in allernächster Nähe von Narvik, bezogen diese Streitkräfte die ersten Stellungen. Es kam dort gleich zu Kämpfen, und die Norweger mussten sich der Erzbahn entlang in östlicher Richtung zurückziehen. Bei der Flucht aus Narvik hatten die norwegischen Truppen nicht mehr Proviant und Munition mitnehmen können, als sie auf dem Rücken tragen konnten. Von ihren Kameraden, die weiter oben im Norden standen, und teilweise auf dem Luftwege, erhielten sie jedoch weitere Vorräte. Der Hauptkampf bei der Erz- oder Ofotenbahn fand am 17. April in der Nähe der schwedischen Grenze bei der Station Björnefjell statt. Die Deutschen schritten mit einer weit überlegenen Abteilung zum Angriff; es gelang ihnen, den Widerstand der Norweger zu brechen. Die Leistungen der norwegischen Skipatrouillen waren ausgezeichnet; von der norwegischen Abteilung unter Major Spjeldnes waren einige – wahrscheinlich acht – Leute gefallen. Ungefähr 40 Norweger wurden gefangen genommen und 150 über die schwedische Grenze abgedrängt.

So besetzten die Deutschen die Ofotenbahn. Gleichzeitig rückten sie von Elvegaardsmoen gegen Norden vor. Eine norwegische Kompanie mit Leuten der 6. Division erreichte das Touristenhotel von Gratangen und bezog dort Stellung. In den folgenden Tagen wurde die Kompanie nach Foßbakken zurückgedrängt, nachdem sie anfänglich den deutschen Vormarsch zum Stehen gebracht hatte. Ferner besetzten die Deutschen das Gelände westlich und südlich des Beisfjords. Der deutsche Vorstoß in westlicher Richtung über Vägfjället wurde durch Mitglieder von Schützenvereinen und durch andere Freiwillige zum Stehen gebracht. Für gute Einzelleistungen der Norweger lassen sich viele Beispiele finden.

Am 14. April erschienen englische Truppen in Harstad, 60 km nordwestlich von Narvik, wo auch die 6. Division der Norweger ihr Hauptquartier hatte. Später trafen auch französische Alpenjäger – »die blauen Teufel«, wie die Deutschen sie nannten –, Fremdenlegionäre und ein Detachement polnischer Gebirgsschützen ein. Bereits am 19. April kamen englisch-norwegische Streitkräfte mit den Deutschen bei Gjersvik, so km nördlich vom Herjangenfjord, in Gefechtsfühlung. Während der späteren Landoperationen spielten die Engländer keine größere Rolle. Sie beschränkten sich vor allem auf wirksame Flottenaktionen; auch griff ihre Luftwaffe energisch ein und kämpfte gemeinsam mit den Überresten der norwegischen Luftwaffe.

In der letzten Aprilwoche entwickelten sich im Abschnitte von Gratangen heftige Kämpfe. Am Abend des 24. April wurde diese Ortschaft von Norwegern und zwei englischen Kompanien angegriffen und besetzt. Am nächsten Morgen unternahmen die Deutschen einen überraschenden Gegenangriff. Von norwegischer Seite ist geltend gemacht worden, die Überraschung sei vor allem deshalb möglich gewesen, weil der Feind norwegische Zivilisten gegen die norwegischen Posten vorgeschickt habe. Das erste Bataillon von I.R. 12 aus Tröndelag, welches ebenfalls im Norden auf Grenzwacht gestanden hatte, war beim Gehöfte Moan nicht weit vom Touristenhotel Gratangen in Stellung gegangen. Es wurde von den Deutschen umringt; der Kampf dauerte von 4.30 bis 16 Uhr. Die Norweger verloren 32 Mann, darunter die Hauptleute Överaas, Midtlid und Nyquist.

Der Kampf um Gratangen wurde am 1. Mai wieder aufgenommen. Französische Streitkräfte, die nachts zuvor an Land gestiegen waren, nahmen an den Operationen teil, welche sich für die Alliierten günstig entwickelten. An den folgenden Tagen wurden die deutschen Stellungen von Norden her immer heftiger angegriffen. Artillerie und Flugzeuge wurden eingesetzt. In der Nacht zwischen Pfingstsonntag und Pfingstmontag (12.–13. Mai) landeten französische Detachemente in Bjerkvik; dabei wurden sie durch die britische Flotte unterstützt. Die Engländer unterhielten vom Fjorde her Artilleriefeuer; sie nahmen auch die deutschen Stellungen bei der Ofotenbahn unter Feuer, nachdem sie in den Rombakfjord eingelaufen waren. Nachdem Bjerkvik gefallen war, mussten die deutschen Stellungen im Abschnitte von Gratangen zusammenbrechen. Am 14. Mai wurden Elvegaardsmoen und Öyjord zurückerobert, und die Straße bei Harjanger befand sich dadurch in den Händen der Norweger. Damit war der erste Teil des Feldzuges in Ofoten abgeschlossen.

Wir dürfen nicht vergessen, dass diese Kämpfe auf einer Höhe von bis zu 1000 m stattfanden, und dass das Gelände an die Soldaten beider Parteien die größten Anforderungen stellte. Der Kampf nahm wiederholt den Charakter eines Guerillakrieges an. Das Schneetreiben erschwerte bald allen Nachschub; die Straßen und Wege wurden unpassierbar. Nach der Besetzung des Abschnittes von Gratangen gingen die Norweger und die Alliierten daran, die Gegend nördlich des Rombakfjords vom Feinde zu säubern. Die Deutschen zogen sich bergwärts in Stellungen längs der Bahnlinie zurück. Im Mai wurden sie überall von der Küste in Ofoten abgedrängt. Polnische Streitkräfte stiegen in Ankenes südlich von Narvik an Land, worauf sich die deutschen Stellungen im Hafen und in der Stadt Narvik in einer Zange befanden. Bei Framnes kam es am 27. Mai zu erbitterten Kämpfen um Narvik; am 28. sahen sich die Deutschen genötigt, diesen heiß umstrittenen Platz aufzugeben. Vor dem Rückzug erhielten die Pioniere Befehl, Hafen- und Kaianlagen und vor allem den Erzkai zu zerstören. Danach wurden an der Erzbahn umfassende Zerstörungsarbeiten vorgenommen, so dass sie den Alliierten nicht mehr von Nutzen sein konnte. Die Streitkräfte, welche an der Wiedereroberung von Narvik beteiligt waren, bestanden aus zwei Bataillonen der französischen Fremdenlegion und dem 2. Bataillon von I.R. 15 aus Nord-Haalogaland. Der Kommandant der ersten französischen Alpenjägergruppe, General Bethouart, leitete die Operationen; das norwegische Bataillon stand unter Befehl von Major Hylmo.

Inzwischen wurden die deutschen Positionen im Abschnitt Trondheim gegen Norden vorgeschoben. Unmittelbar nach der Kapitulation in Nord-Tröndelag waren die Deutschen von Namsos und Grong nach Mosjöen vorgerückt. Starke Streitkräfte österreichischer und bayrischer Gebirgsjäger schoben sich im Mai in nördlicher Richtung vor. Nach Berechnungen waren wenigstens zwei Divisionen von Oslo abgegangen, um allmählich über die Berge vorzudringen und ihren Kameraden im Abschnitt von Narvik Hilfe zu bringen. Mosjöen wurde am 6. Mai genommen. Bei Elsfjord kam der deutsche Vormarsch für kurze Zeit zum Stehen; denn die Fähren über den Störfjord nach Hemnes waren fortgeführt oder versenkt worden. In diesem Abschnitt stießen die Deutschen auf lebhaften Widerstand norwegischer und englischer Bataillone. Deutsche Marineflugzeuge setzten Truppen im Störfjord an Land; doch diese stießen bei Hemnes auf die Norweger. Nach den Bergen bei Hemnnes kam ein Transport deutscher Alpenjäger, die in Trondheim einen Passagierdampfer bestiegen hatten. Bombenflugzeuge unterstützten ihre Landung; aber englische Seestreitkräfte sorgten dafür, dass der Passagierdampfer versenkt wurde. Der größte Teil der deutschen Streitkräfte war jedoch glücklich an Land gekommen. Nördlich von Finnseidfjord leistete ein englisches Gardebataillon den deutschen Gebirgsjägern heftigen Widerstand. Nach 30-stündigem Kampf nahmen jedoch die Deutschen am 21. Mai Mo in Rana ein. Gleich darauf wurde auch Storforshei besetzt. Die Deutschen machten norwegische und englische Gefangene.

Der Vormarsch gegen Norden nahm seinen Fortgang, konnte jedoch die Niederlage der Deutschen in Narvik nicht verhindern, weil er beständig durch norwegisch-englischen Widerstand aufgehalten oder verzögert wurde. Am 29. Mai fiel Fauske; an den folgenden Tagen kämpfte man zwischen Fauske und Bodö, und am 1. Juni konnte das deutsche Oberkommando die Einnahme Bodös melden. Deutsche Bomber hatten die Stadt schon vorher sozusagen dem Erdboden gleichgemacht. Aber Bodö war von Narvik noch weit entfernt, 180 km in der Luftlinie; Straßenverbindungen fehlten.

Die norwegischen Streitkräfte in Nordland hatten sich auch dann nicht ergeben, als Bodö gefallen war. Sie waren nach Tysfjord evakuiert worden, wo eine nordnorwegische »Südfront« aufgestellt werden sollte. Es kam jedoch dort nie zu entscheidenden Kämpfen, weil der Krieg schon beendigt war, bevor die Deutschen diese Linie erreicht hatten.

Die Truppen General Dietls – nach deutschen Angaben ungefähr 4500 Mann – hielten sich nach dem Rückzug von Narvik längs des Rombakfjords und bei der Erzbahn in den Bergen auf. Nach der Zurückeroberung Narviks begannen indes norwegische und französische Streitkräfte, auch der Bahnlinie entlang anzugreifen. Die Lage der Deutschen war ziemlich hoffnungslos. Die numerische Überlegenheit der Norweger war beträchtlich, wenn wir auch nicht mit einem Kräfteverhältnis von 6 : 1 rechnen können – wie es deutsche Skribenten geltend machen wollen. Denn nur ein Teil der norwegischen und alliierten Truppen konnte im Abschnitte von Narvik selbst konzentriert werden. Andere Teile mussten den deutschen Vormarsch von Süden her abwehren, und recht starke Verbände hatten die Aufgabe, die Küste zu bewachen. Aber im Abschnitt von Narvik hatten es die Deutschen mit ebenbürtigen Gegnern zu tun. Die Franzosen kämpften tapfer, und den polnischen Gebirgsschützen ist hohes Lob gezollt worden. Den Norwegern selbst war es gelungen, gefechtstüchtige Abteilungen unter guter Führung aufzustellen.

Laut schwedischen und deutschen Angaben erhielten die Deutschen über Schweden eine gewisse Menge Sanitätsmaterial, zahlreiches Sanitätspersonal (282 Mann) und vielleicht auch Kleider und Proviant. Im übrigen wurde der Nachschub mit Hilfe der Luftwaffe aufrecht erhalten. Anfänglich war diese Unterstützung nicht sehr wirksam, obwohl die deutschen Flieger bereits vom 17.–19. April britische Schiffe vor Narvik angegriffen hatten. Als allmählich die deutschen Basen gegen Norden vorgeschoben wurden und der Flugplatz von Värnes bei Trondheim voll benützt werden konnte, spielte die deutsche Luftwaffe eine größere Rolle und konnte auch an alliierten Kriegs- und Transportschiffen beträchtlichen Schaden anrichten. Mehrere Ortschaften im Norden, u. a. Tromsö, wurden von Bombenangriffen heimgesucht. Die Flugzeuge führten Proviant und Munition für die Truppen General Dietls mit sich und ließen Fallschirm- und Gebirgsjäger nieder. Einige Male gingen auch Flugboote, die u. a. Proviant an Bord hatten, auf dem Beisfjord nieder. Die meisten Fallschirmjäger sprangen vom 24.–27. Mai in der Gegend von Björnefjell ab, konnten aber Narvik nicht mehr retten. Deutsche Fallschirmtruppen, die in der Nähe von Harstad gelandet waren, konnten keinen Schaden anrichten: sie wurden unschädlich gemacht.

Über den Einsatz der Luftwaffe im Abschnitte Narvik hat sich General Dietl folgendermaßen ausgesprochen: »Die Luftwaffe war die einzige Truppe, die der abgeschnittenen Gruppe Narvik in ihrer Lage wirklich Hilfe bringen konnte; besonders waren es drei Punkte, die die Luftwaffe erfüllen musste: Punkt 1 war der Nachschub. Durch die Luftwaffe musste Munition, Ausrüstung, teilweise auch Verpflegung, kurzum alles, was eine Truppe zum Leben braucht, zu uns gebracht werden. Ferner hatte die Luftwaffe die Aufgabe, die uns so lästigen feindlichen Kriegsschiffe, die wir nicht durch Artillerie selbst bekämpfen konnten, in Schach zu halten ... Und noch ein dritter Punkt ist bei der Luftwaffe zu erwähnen. Wir hatten keine Artillerie, und so musste die Luftwaffe uns die Artillerie ersetzen. Tieffliegende Bombenflieger griffen die uns gegenüberstehenden Truppenansammlungen, Batterien, den Verkehr auf den Straßen immer wieder an und ersetzten dadurch bis zu einem gewissen Grade die uns fehlende Artillerie. Ferner muss ich aber erwähnen, auch die Gebirgsjäger einer anderen Gebirgsjägerdivision, die nach kurzer Ausbildung todesmutig absprangen, um beim Einsatz bei unserer Truppe Hervorragendes und Entscheidendes zu leisten.«

Aber die deutschen Truppen waren auf die Länge nicht imstande, den feindlichen Angriffen zwischen Narvik und Riksgränsen standzuhalten. Laut deutschen Berichten – z. B. dem Buche von Korvettenkapitän Busch – verbreitete sich unter den deutschen Streitkräften ein Gefühl der Hoffnungslosigkeit und der Verzweiflung. Viele fragten sich, ob es nicht das Vernünftigste wäre, die schwedische Grenze zu überschreiten. Die deutsche Führung hielt indes das ganze Unternehmen in Fluss; sie erlebte dann auch einen Triumph, als die Gegner aus anderen Gründen am 9. Juni um Waffenstillstandsverhandlungen nachsuchten.

Enger und enger hatte sich der feindliche Griff um die

deutsche Kampfgruppe Narvik geschlossen. Diesem Griff war sie entgangen. Zwar war in der militärischen Lage in Nordnorwegen keine Änderung eingetreten. In diesem Landesteil standen die Norweger unbesiegt da. Zusammen mit ihren Verbündeten verfügten sie über vortreffliche Stellungen. Das Schicksal Nordnorwegens entschied sich an der Westfront.

Die Kapitulation am 9. Juni

Kurz nach Abschluss der Kämpfe in Nordnorwegen wurde von Seiten der norwegischen Regierung mitgeteilt, dass im Mai in Stockholm Verhandlungen über einen Waffenstillstand geführt worden seien. Universitätskurator Undén, Vorsitzender der »Kommission für Auswärtiges« des schwedischen Reichstages, hat diese Frage in einer Rede vom 17. Dezember 1940 behandelt.

Die Initiative zu diesen Verhandlungen kam von norwegischer Seite. Die schwedische Regierung nahm den Gedanken auf und untersuchte die Möglichkeit, mit Zustimmung aller Parteien im nördlichsten Norwegen den Frieden herzustellen. Die Situation war ja folgende: einerseits hatten die Deutschen das ganze südliche Norwegen okkupiert; die norwegische Regierung hatte keine Hoffnung, dieses Gebiet in nächster Zeit zurück zu gewinnen. Anderseits befanden sich die deutschen Streitkräfte im Abschnitte von Narvik in einer recht verzweifelten Lage.

Die Lösung, für welche sich die schwedische Regierung eingesetzt hatte, lief darauf hinaus, dass die Deutschen den Abschnitt Narvik räumen sollten und dieses Gebiet, wo wichtige schwedische Interessen auf dem Spiel standen, bis auf weiteres von schwedischen Truppen besetzt werden sollte. Die norwegische Regierung sollte die beiden nördlichsten Ämter behalten; hingegen sollten alle ausländischen Truppen aus jenen Gebieten zurückgezogen werden. – Nach gewissen Mitteilungen schien es Ende Mai möglich zu sein, dass sich die Parteien auf eine solche Lösung einigen würden. Auf Grund der Präliminarverhandlungen legte die norwegische Regierung durch schwedische Vermittlung einen Entwurf vor. Deutschland erteilte indes vor Ablauf der Frist am 8. Juni keine Antwort. Die deutsche Regierung wollte von einer Pazifizierung Nordnorwegens nichts mehr wissen – offenbar, weil sie inzwischen vernommen hatte, dass die Alliierten auch aus Nordnorwegen den Rückzug vorbereiteten.

In der Proklamation, welche König Haakon und seine Regierung am 7. Juni erließen, wurde festgestellt, dass der Krieg die Alliierten zu einer Konzentrierung der Kräfte an anderen Fronten gezwungen habe. Unter diesen Umständen sei es nicht möglich, in Norwegen den Kampf gegen die deutsche Übermacht fortzusetzen. Der norwegischen Armee »fehlt das notwendige Material, besonders Munition und Kampfflugzeuge, und sie kann keines mehr erhalten. Fortsetzung des Kampfes würde nur zur vollständigen Verwüstung der jetzt noch freien Landesteile führen«. Aus diesen Gründen – heißt es weiter in der Proklamation – hat das Oberkommando der Armee dem König und der Regierung geraten, den Kampf vorläufig aufzugeben. Der König und die Regierung hielten es für ihre Pflicht, diesem Rat nachzukommen, und verließen deshalb das Land, um weiterhin »in Freiheit die nationalen Lebensrechte des norwegischen Volkes vertreten zu können«. Der Präsident des Storting und die Befehlshaber der norwegischen Armee und Kriegsmarine stellten sich hinter den Beschluss der Regierung.

Es war zu befürchten, dass alle nordnorwegischen Städte bei fortgesetztem Krieg vom gleichen Schicksal wie Bodö und Narvik betroffen worden wären. Entscheidend war aber wohl der Entschluss der Alliierten, sich aus Nordnorwegen zurückzuziehen. Dieser Entschluss wiederum war dadurch bedingt, dass an der Westfront bereits Ende Mai eine bedrohliche Lage entstanden war. Anfangs Juni wusste wohl die englische Regierung genau, dass Frankreich vor dem Zusammenbruch stand. Deshalb musste England alle seine militärischen Pläne vollkommen umgestalten. Es konnte sich nicht mehr erlauben, in Norwegen Flugzeuge einzusetzen. Seine Luftwaffe benötigte es selbst, um den deutschen Massenangriffen aus der Luft entgegentreten zu können. In Anbetracht der Lage konnten es sich die Engländer nicht mehr leisten, einen beträchtlichen Teil ihrer Flotte bei Narvik gebunden zu haben.

Im Mai verbreitete Deutschland phantastische Berichte über britische Verluste vor der nordnorwegischen Küste. In jener Zeit waren in der Tat mehrere britische Kriegs- und Transportschiffe von deutschen Bombern versenkt worden. Nach dem 20. Mai verloren die Engländer u.a. den leichten Kreuzer Essingham, den Kreuzer Curlew, das Transportschiff Orama von 20 000 t und ein Tankschiff von 9100 t. Anderseits wurden vor Harstad mehrere deutsche U-Boote versenkt, und weiter südlich verloren die Deutschen Transportschiffe. Am 8. Juni wurde der Flugzeugträger Glorious von 22500 t durch ein deutsches Schlachtschiff angegriffen und versenkt. Gleichzeitig sanken auch die Zerstörer Acasta und Ardent. Die Umstände, welche den Verlust der Glorious zur Folge gehabt hatten, kamen im englischen Unterhaus anfangs November 1940 zur Sprache. Kritische Stimmen wurden laut, von den drei versenkten Schiffen hätten sich nur 39 Mann retten können. Auch seien 1000 Mann fast zwei Tage lang auf dem Meere umhergetrieben. Die Admiralität wurde der schlappen Kriegsführung und einer gewissen Planlosigkeit während der Evakuierung Nordnorwegens bezichtigt.

Auf norwegischer Seite erhielt General Ruge die Aufgabe, die Kapitulationsverhandlungen mit den Deutschen einzuleiten. Dies geschah am 9. Juni, nachdem die alliierten Truppen Nordnorwegen verlassen hatten. Am selben Tage erließ General Ruge seinen letzten Tagesbefehl:

»Ihr habt die Proklamation des Königs und der Regierung vernommen. Der Widerstand in Nordnorwegen soll aufhören, trotzdem wir heute unbesiegt dastehen. Dieser Entschluss ist gefasst worden, um diesem Landesteile weitere Verwüstungen zu ersparen. Soldaten, Matrosen und Freiwillige im Norden und im Süden: Redlich und treu habt ihr eure Pflicht erfüllt. Ihr könnt mit Stolz an diese Zeit zurückdenken. Habt alle Dank!

Norwegische Frauen und Männer! Der erste Teil unseres Freiheitskampfes ist zu Ende. In einem verwüsteten Lande gehen wir einer dunklen Zukunft entgegen.

Doch der Krieg nimmt an anderen Fronten seinen Fortgang. Auch Norweger kämpfen dort mit. Der Tag wird kommen, wo ihr das Haupt wieder hoch tragen könnt.

Wartet auf diesen Tag, wartet darauf ruhig und zuversichtlich. Unternehmt nichts Unüberlegtes, was dem Eroberer als Vorwand für Repressalien dienen kann.

Vergesst die Zeit unseres gemeinsamen Kampfes nicht. Vergesst diejenigen nicht, die im Kampfe ihr Leben ließen oder die bei Luftangriffen als unschuldige Opfer umkamen. Wir gemeinsame Waffenbrüder haben uns versprochen, uns nicht beugen zu lassen, bis wir wieder unsere freie norwegische Fahne hissen können und wieder freie norwegische Frauen und Männer sind.

Dieses Gelübde wird gehalten werden – vielleicht nicht von mir, weil ich künftighin in der Gewalt des Eroberers leben werde. Aber diejenigen, welche den Kampf außerhalb Norwegens fortsetzen, und ihr, die ihr jung seid, werden das Gelübde einlösen, wenn der Tag gekommen ist.

Bis dahin harrt aus und haltet zusammen, wie ihr es bisher getan habt. Wartet und glaubt und erinnert euch an das alte Wort:

Ein' feste Burg ist unser Gott.

Nach dem Zusammenbruch bei Aandalsnes war General Ruge nach Nordnorwegen gekommen. Am 19. Mai wurde er zum Oberbefehlshaber der gesamten norwegischen Kriegsmacht ernannt. Nach der Kapitulation wurde er in Gefangenschaft gehalten, weil er sein Ehrenwort nicht geben konnte, nie mehr gegen Deutschland zu kämpfen. Im Herbst 1940 traf die Meldung ein, General Ruge sei als Gefangener nach Deutschland gebracht worden.

Nach den offiziellen deutschen Angaben sind die eigenen Verluste an Offizieren, Unteroffizieren und Soldaten während des norwegischen Feldzuges gering gewesen:

1317 Gefallene, 1604 Verwundete und 2375 Vermisste. Aber von deutscher Seite ist auch angedeutet worden, dass recht große Teile der deutschen Truppen in Norwegen »Naturkatastrophen« zum Opfer gefallen sind. Die Norweger rechnen mit großen deutschen Verlusten. Nicht wenige Tausende müssen zu Lande gefallen sein; dazu kommen noch diejenigen, welche auf den Seetransporten ertrunken sind. Nach norwegischen Schätzungen sollen die deutschen Gesamtverluste gegen 67 000 Mann betragen haben.

Angaben über die norwegischen Gesamtverluste liegen nicht vor. Im Sommer 1940 war in der norwegischen Presse von ungefähr 1500 Gefallenen die Rede. Die wirkliche Zahl wird wohl etwas höher liegen, wenn auch die Marine in die Berechnungen einbezogen wird. Mit den zivilen Opfern, welche die deutschen Luftangriffe gefordert haben, beträgt die Zahl der norwegischen Gefallenen doch nicht mehr als 3000. Einen Überblick über die alliierten Verluste besitzen wir nicht. Sie dürften nicht allzu groß gewesen sein; am härtesten wurde wohl die britische Flotte betroffen.

Nach deutschen Berichten hat die eigene Flotte während des Krieges in Norwegen folgende Verluste erlitten: drei Kreuzer, zehn Zerstörer, ein Torpedoboot, sechs U-Boote und ungefähr fünfzehn kleinere Kriegs- und Hilfsschiffe. Die Engländer und Norweger hingegen sind davon überzeugt, dass die wirklichen Verluste der Deutschen größer sind. Nach ihrer Auffassung ist nicht nur ein größerer Teil der Kriegsflotte, sondern sind auch vor allem mehrere deutsche Transportschiffe teils auf der Überfahrt und teils vor der norwegischen Küste versenkt worden. Die deutsche Flotte meldet, dass sie den Alliierten folgende

Verluste zugefügt habe: ein Flugzeugträger, ein Kreuzer, zehn Zerstörer, ein Destroyer und neunzehn Unterseeboote von zusammen 65000 t, ferner ein Transportschiff und ein Tankdampfer von zusammen 29100 t. Dazu kommen elf versenkte norwegische Kriegsschiffe. Weiter muss man auch denjenigen Teil der norwegischen Kriegsmarine einberechnen, welcher von den Deutschen übernommen wurde und nach ihren Angaben folgende Schiffstypen umfasst: zwei Panzerschiffe, drei Zerstörer, sieben Minenleger, zwei Minensuchboote, 41 Torpedoboote, einige U-Boote und kleinere Schiffe. Diese Angaben können nicht ganz der Wahrheit entsprechen; denn Norwegen besaß z. B. nie 41 Torpedoboote.

Die deutsche Luftwaffe soll 28 feindliche Kriegsschiffe und Hilfskreuzer von ca. 90000 t und 71 Handelsschiffe von ca. 280000 t versenkt haben. Außerdem sollen 80 Kriegsschiffe und Hilfskreuzer und 39 Handelsschiffe durch Bombentreffer beschädigt worden sein.

An Hand dieser Zahlen kam der deutsche Admiral Gadow zum Ergebnis, dass nach den Operationen in Norwegen die Kampfkraft der britischen Flotte um ungefähr 40 % reduziert worden sei. Der Gegner bestreitet natürlich die Richtigkeit solcher Behauptungen. Über ihre eigenen und über die deutschen Verluste zur See haben die Engländer keine Gesamtübersicht gegeben. Vor dem Abschluss des norwegischen Krieges wurde von alliierter Seite erklärt, die Deutschen hätten wenigstens ein Drittel ihrer Flotte eingebüßt.

Laut dem abschließenden deutschen Bericht hat die deutsche Luftwaffe 90 Flugzeuge verloren; dazu kommen

27 Apparate, die am Boden beschädigt worden sind. Die deutsche Luftwaffe soll 87 feindliche Maschinen vernichtet haben – nicht eingerechnet die Apparate, welche sich an Bord der versenkten britischen Flugzeugträger befanden.

Der Materialschaden in Norwegen war beträchtlich. An einer Tagung des norwegischen Ingenieurverbandes im November 1940 wurden die Kriegsschäden auf ungefähr 40000 Objekte berechnet, wovon ungefähr 13000 Schäden im Werte von ca. 200 Millionen Kronen auf Gebäude und ungefähr 27000 Schäden im Werte von ca. 90 Millionen Kronen auf Mobiliar entfallen. Nach Angaben jenes Kongresses würde der Wiederaufbau unter normalen Umständen vier bis fünf Jahre in Anspruch nehmen. Der Wert sämtlicher Kriegsschäden in Norwegen liegt jedoch noch höher und beläuft sich auf ungefähr eine halbe Milliarde Kronen. In dieser Summe sind auch die Schäden an kommunalen Anlagen, Eisenbahnen und Brücken inbegriffen. Dazu kommen ausbezahlte Entschädigungen für Requisitionen, welche die fremden Truppen vollzogen haben.

Nach Kriegsschluss sind die materiellen Lasten des norwegischen Volkes eher schwerer als leichter geworden. Aber nicht nur die materiellen Folgen des Krieges sind drückend: Norwegen wurde de facto zu einem deutschen Protektorat und bekam all das zu spüren, was eine Okkupation mit sich bringt. Um die Jahreswende 1940/1941 zählte die deutsche Besatzungsarmee 400 000 Mann.

Nach dem 9. Juni bekam Norwegen keinen Frieden. Der König und die Regierung hatten beschlossen, den Kampf außerhalb des Landes weiterzuführen. In Norwegen übernahm die Okkupationsmacht die Führung und stellte zum Teil Norweger in ihre Dienste ein, die weder vor dem Krieg noch nachher das Vertrauen des norwegischen Volkes besaßen.

Die Engländer fuhren fort, militärische Positionen der Deutschen in Norwegen zu bombardieren. Aber dies würden sie auch getan haben, wenn die norwegische Regierung mit Deutschland Frieden geschlossen hätte.

Die Minenfelder und die Torpedierungen vor der norwegischen Küste forderten Opfer, nicht nur unter den Deutschen, sondern auch unter den Norwegern. Aber auch die politische Lage, in die Norwegen als okkupiertes Land geraten war, forderte Opfer.

Ende November hat Kronprinz Olav in einer Übersicht dargelegt, inwiefern die Norweger im Auslande am Kriege teilnehmen können. Die wenigen Schiffe der Kriegsmarine, die nach dem 9. Juni übrig waren, fahren immer noch unter der Flagge des freien Norwegens, und neue Schiffe werden nach und nach in Dienst gestellt; sie arbeiten mit der britischen Flotte zusammen. Die norwegische Handelsflotte von 4 Millionen Tonnen mit über 30 000 Seeleuten steht England zur Verfügung. »Unsere Seeleute, welche trotz Unterseebooten und Minen ihre Arbeit weiterhin verrichten, stehen so gut wie unsere Soldaten und Matrosen in vorderster Linie«, sagte Kronprinz Olav. In Kanada ist ein eigenes norwegisches Übungslager eingerichtet worden; dort werden Leute für spezielle Aufgaben ausgebildet, viele hunderte z. B. zu Fliegern. Die Regierung hat ihnen Kampf-, Bomben- und Marineflugzeuge verschafft; um die Jahreswende wird die erste norwegische Flottille ihren Dienst versehen können. In Großbritannien ist unter General Fleischer eine norwegische Legion aufgestellt worden; norwegische Streitkräfte befinden sich auf Island.

Die norwegische Handelsflotte hat während des Kampfes um den Atlantik schwerwiegende Verluste erlitten. Zwischen September 1939 und Mai 1941 wurden 186 Schiffe vermißt gemeldet, 60 davon in der Zeit vor dem 9. April 1940. Die moderne norwegische Tankflotte hat die halbe Öl- und Benzinversorgung Englands übernommen. Von englischer Seite ist geäußert worden, dass die Hilfe, welche die norwegische Handelsflotte leistet, gleich viel wert ist wie eine Armee von einer Million Mann.

Die norwegische Kriegsflotte ist in Großbritannien ausgebaut worden und war im Frühjahr 1941 stärker, als sie je in Norwegen gewesen war. Den Anfang machten ein paar Motortorpedoboote, die sich bei Kriegsausbruch für die norwegische Regierung in Bau befanden. Ungefähr 70 Walfischfänger wurden als Begleitschiffe ausgerüstet und teils auch als Unterseebootsjäger und Proviantschiffe. Andere Schiffe wurden in Minenräumboote umgebaut. Von den amerikanischen Zerstörern, die England zur Verfügung gestellt wurden, konnte die norwegische Regierung ebenfalls vier übernehmen. Einer dieser Zerstörer beteiligte sich am Osterabend 1941 an der Aktion, welche gegen die kriegswirtschaftlich wichtige Fischölraffinerie in Öksfjord in Nordnorwegen durchgeführt wurde. Dies war nicht die erste verwegene Tat, welche die neue norwegische Kriegsmarine vollbracht hatte. Das Wachtschiff Fridtjof Nansen war bereits Herbst 1940 auf zwei aufsehenerregenden Fahrten bis an die Eisgrenze bei Grönland vorgedrungen. 16 Norweger wurden dort an Bord genommen, und die Sendestationen in Myggbukta und Torgilsbu wurden unbrauchbar gemacht, damit sie dem Gegner nicht von Nutzen sein konnten. Norwegische Wachtschiffe wurden in isländischen Gewässern eingesetzt; Walfischfänger und Kutter versahen Dienst in der Irischen See und der Nordsee, in der Nähe der Färöer und Shetlandinseln. Der Zerstörer Sleipner unternahm längs der norwegischen Küste kühne Fahrten und wurde geradezu legendär. Norwegische Lotsen befanden sich auf englischen Unterseebooten, welche die Verbindung zwischen Deutschland und Norwegen zu zerstören hatten; auch diesen Leuten ist hohes Lob gezollt worden.

Anfangs April 1941 wurde der Kommandant des Übungslagers »Little Norway« der neuen norwegischen Luftwaffe in Kanada, Korvettenkapitän Hjalmar Riiser-Larsen, zum Chef des Einheitskommandos der norwegischen Luftwaffe ernannt. Die ersten Geschwader waren damals fertig organisiert und nach England hinüber geschickt worden.

Das norwegische Expeditionskorps in Großbritannien wurde als vollständig unabhängige Einheit ausgebildet. Bis Frühjahr 1941 hatten mehrere tausend Mann ihre Ausbildung erhalten. Sie rekrutierten sich aus Norwegern aller Erdteile; die meisten aber stammten aus Norwegen selbst. Allein in der Zeit von Juli bis Ende Dezember 1940 waren es nicht weniger als 600 größere und kleinere Schiffe, die heimlich Norwegen verließen und glücklich nach Englang gelangten. Anfang März 1941 trat ein Teil des norwegischen Expeditionskorps zum ersten Mal in Aktion, als britische Seestreitkräfte einen Verstoß gegen die Lofoten unternahmen. Die Norweger lösten bei dieser Gelegenheit die Aufgaben, die ihnen gestellt worden waren; 300 junge Norweger aus Svolvaer schlossen sich als Freiwillige den freien norwegischen Streitkräften an und folgten ihnen nach England.

Am 9. Juni wurde der Krieg in Norwegen beendet, nicht aber der Kampf um Norwegen.

Die Folgen des norwegischen Krieges

Das norwegische Volk hatte unter den Folgen, welche die militärischen Ereignisse gezeitigt hatten, in materieller und anderer Hinsicht zu leiden. Wir könnten uns deshalb fragen, ob es überhaupt einen Sinn hatte, dass sich die Norweger zur Wehr gesetzt haben. Die Antwort auf diese Frage wird natürlich verschieden lauten, d.h. von der Einstellung des Befragten abhängen. Unsere Darstellung beabsichtigt nicht, eine Antwort zu geben ... Wir wollen an dieser Stelle lediglich die Überlegungen vieler Norweger wiedergeben.

Nach der Ansicht dieser Leute war es ein großer moralischer Gewinn, dass dem deutschen Angriff nicht nur mit papierenem Protest, sondern mit bewaffnetem Widerstand entgegen getreten wurde. Es war ein großer moralischer Gewinn, dass das norwegische Volk vor aller Welt den Beweis erbrachte, seine Unabhängigkeit nicht gutwillig aufgeben zu wollen. Die Freiheit und die Ehre der Nation wurden in diesem Kampf verteidigt, der aus verschiedenen Gründen zu keinem Sieg führen konnte, aber deshalb nicht vergeblich gewesen sein muss. Wie auch die führenden Männer Norwegens damals gehandelt haben, sie hätten nach dem 9. April nicht verhindern können, dass Norwegen in den europäischen Krieg hineingerissen wurde – ganz abgesehen davon, ob sich die Norweger zur Wehr setzten oder nicht. Hätte man sich widerstandslos unterworfen, so wäre das Land von den Deutschen in kürzester Frist besetzt und von den Feinden Deutschlands als feindliches Territorium betrachtet worden. Verteidigte man sich, so durfte man – auch wenn der militärische Widerstand gebrochen worden wäre – wenigstens die Hoffnung hegen, in späteren Zeiten die Freiheit zurückzuerlangen.

Der objektive Beobachter der Ereignisse muss zugeben, dass die Norweger mit anerkennenswerter Tapferkeit gekämpft haben. Weit größere Nationen als Norwegen, die über eine viel größere und modernere Kriegsmacht verfügten, sind von der deutschen Wehrmacht in kürzerer Zeit besiegt worden. Hält man sich dies vor Augen, so erkennt man, dass der Krieg in Norwegen – nicht nur – wie oft behauptet worden ist – aus verschiedenen Formen und Variationen von Verrat und Kapitulation bestanden hat. Einige Fälle von Unfähigkeit und Verrat sind tatsächlich vorgekommen; aber sie bilden Ausnahmen und vermögen nicht, die Ehre von Volk und Armee zu beflecken.

Anderseits stellte sich im norwegischen Feldzug deutlich heraus, dass die ausgezeichneten natürlichen Verteidigungsmöglichkeiten nur zum kleinsten Teil ausgenützt wurden; schuld daran sind fehlende militärische Bereitschaft, mangelhafte und veraltete Ausrüstung sowie schlechte Ausbildung. Hatten die Norweger an die Möglichkeit eines Krieges geglaubt, so waren sie immer davon überzeugt gewesen, dass nicht nur eine, sondern wenigstens zwei Großmächte im Spiel sein würden. Diese Überlegung erwies sich an und für sich als richtig. Aber man hatte dabei die militärischen Ressourcen der Alliierten falsch eingeschätzt und die Möglichkeit einer wirksamen englischen Hilfeleistung zu optimistisch beurteilt.

Gleichzeitig müssen wir uns über noch etwas klar sein: Wäre der Widerstand der Norweger wirksamer gewesen, aber nicht wirksam genug, um den Angreifer vollständig abzuweisen, so wäre das Land weit mehr verwüstet worden, als dies jetzt der Fall war. Die gleiche Lage hätte sich ergeben, wenn die englische Hilfe wirksamer gewesen wäre. Dann wäre Norwegen statt eines Nebenkriegsschauplatzes zu einem Hauptkriegsschauplatz geworden. Eine führende deutsche Zeitung (Frankfurter Zeitung) schrieb anfangs Mai 1940: »Ausgeschlossen war es ja nicht, dass die Deutschen ihren Vorsprung von zehn Stunden nicht gewannen. Dann waren also die Engländer in Oslo und in Bergen und in Trondheim, und die norwegische Regierung hätte sich, wie ihr Außenminister in der denkwürdigen Sitzung vom 2. März erklärte, mit einem Protest begnügt. Glaubt man, dass Deutschland das geduldet hätte? Angesichts einer solchen militärischen Lage hätten die Deutschen eingreifen müssen ... Dann wäre aber auch der Hauptteil Norwegens zum Schlachtfeld geworden. Die großen Schlachten bei Oslo und Bergen sind nur deshalb vermieden worden, weil wir rechtzeitig in Norwegen stark genug waren, die Engländer auf die Landung in Nebenhäfen zu beschränken und sie dann wieder ins Meer zu jagen.«

Andere deutsche Zeitungen haben den gleichen Gedanken auf die Art formuliert, indem sie schrieben, die deutsche Wehrmacht würde vor nichts zurückschrecken, um die ihr befohlenen Ziele zu erreichen. Deswegen dürfen wir sagen, dass Norwegen so, wie die Sache wirklich verlief, »verhältnismäßig« glimpflich davongekommen ist.

Die Gesamtübersicht des deutschen Oberkommandos über den Krieg in Norwegen vom 13. Juni 1940 schließt mit den Worten: »Der Feldzug in Norwegen hat die englische Blockadefront zerbrochen. Großdeutschland ist im Besitz der strategisch wichtigen Flankenstellung gegenüber Englands Ostküste.« Die norwegische Küste war die ideale Basis für Luft- und Unterseebootsaktionen, vielleicht auch das Sprungbrett für eine Invasion Englands. Der Weg von Stavanger nach Scapa Flow beträgt nur ein wenig mehr als die Hälfte des Abstandes zwischen Scapa Flow und den deutschen Basen. Die angeblichen Pläne der Engländer, den Krieg nach Norwegen zu tragen, waren nicht zustande gekommen; jetzt war das Inselreich selber von Norwegen aus bedroht.

Die Okkupation Norwegens sicherte Deutschland die Hegemonie im Norden. Die Besetzung Dänemarks hatte den Export von landwirtschaftlichen Produkten nach Großbritannien unterbunden. Die Okkupation Norwegens stoppte die bedeutende Zufuhr an Erz, Bauholz, Holzwaren und anderen Erzeugnissen, welche England bis dahin aus Norwegen, Schweden und Finnland importiert hatte. Anderseits erlangte Deutschland auf dem Markte der nordischen Länder eine Monopolstellung. Der Norden wurde der »Gegenblockade« angegliedert.

Admiral Gadow hat es als den größten Gewinn angesehen, dass Englands wirtschaftliche Beziehungen mit dem

Norden unterbrochen wurden. Dadurch wurde der englische Import an Fett um 72% reduziert, an Butter um fast 50%, an Eiern um 70%, an Fisch um 33%, an kondensierter Milch um 90%. Nach deutschen Berechnungen konnten diese Verluste auch nicht annähernd durch den Handel mit Übersee gedeckt werden, nicht zuletzt wegen fehlender Tonnage. Einem dänischen Schiffe, das für die Fahrt nach England zwei Tage benötigt, entsprechen 18 Schiffe auf der Route von Neuseeland oder fünf Schiffe von Nordamerika. Auch der Import an Holzprodukten wurde um 56% reduziert, an Papier um 45%, an Eisenerz um 35–40% und an Zellulose um 85%. Diese Waren kamen jetzt Deutschland zugute.

Die Bedeutung der norwegischen Flankenstellung gegen England wurde indes durch die Eroberung der Kanalhäfen und der französischen Atlantikküste verringert. Anderseits hat der norwegische Feldzug der deutschen Heeresleitung zweifelsohne wichtige Lehren erteilt, die in der Offensive im Westen verwertet wurden. Besonders wichtige Erfahrungen machte man in Bezug auf gewisse Teile der Luftwaffe und die Koordination der verschiedenen Waffengattungen. Ferner bekamen die Deutschen Einblick in die militärische Schwäche und die mangelnde Tatkraft des Gegners. Die Alliierten erlitten nicht nur eine militärische, sondern auch eine moralische Niederlage in Norwegen. Im Blitzkrieg gegen Holland, Belgien und Frankreich verwerteten die Deutschen ihre Erfahrungen.

Die militärischen Lehren, die Norwegen den Deutschen erteilt hatte, waren nicht ausschließlich geeignet, Deutschland für einen Invasionsversuch gegen England zu begeistern; denn deutlich hatte man anlässlich des norwegischen Feldzuges das Risiko einer solchen Aktion erkannt. In den Kommentaren deutscher Marineschriftsteller ist es ersichtlich, dass diese Spezialisten einen Unterschied zwischen Norwegen und England machen. Die deutsche Wehrmacht hat mit einer koordinierten Operation die Besetzung Norwegens glücklich durchgeführt; aber es ist klar, dass im Falle England andere Faktoren ausschlaggebend sind. Wir denken dabei nicht nur an die englische Küstenverteidigung und die englische Flotte, sondern auch an die englische Luftwaffe, die damals zwar der deutschen stark unterlegen war, aber die Deutschen doch daran hindern konnte, die Luftherrschaft über den britischen Inseln an sich zu reißen. Die Niederlage der Engländer in Norwegen war schwerwiegend, aber nicht vernichtend. Vieles deutet darauf hin, dass eine deutsche Niederlage in Norwegen für Deutschland viel schlimmere Folgen gezeitigt hätte, als es die englische Niederlage für England verursacht hat. Abgesehen von den wirtschaftlichen und moralischen Folgen wäre der Norden zu einer gefährlichen Angriffsbasis gegen Deutschland geworden. Ein englischer Sieg in Norwegen hätte auch zur Folge gehabt, dass der überwiegende Teil der deutschen Kriegsmarine und ein großer Teil der Handelsflotte vernichtet worden wären. Der ganze Krieg hätte vielleicht einen anderen Verlauf genommen. Nach der Kapitulation der norwegischen Armee haben sich die Engländer damit getröstet, dass die Deutschen immerhin einen großen Prozentsatz ihrer Flotte verloren hatten und Großbritannien 80% der norwegischen Schiffe zu seiner Verfügung erhielt. Ferner werden nach englischer Auffassung die Deutschen an ihrer Eroberung im Norden nicht eitel Freude erleben. Wegen der allgemeinen Ernährungslage und der Versorgung ist Norwegen für das Deutsche Reich eher zu einer Belastung als zu einem Vorteil geworden. Deutschland kann wohl die Ressourcen der nordischen Länder ausnützen; anderseits aber sind diese Länder vom Handel mit der westlichen Welt abgeschnitten, so dass an dieser Stelle die britische Blockade kein Loch mehr aufweist – wie dies im letzten Weltkriege der Fall war.

Konteradmiral Lützow schreibt in der Broschüre »Die heutige Seekriegsführung«: »Einen geschützten Weg für die Handelsschiffe von Narvik nach Deutschland gibt es bis auf weiteres nicht mehr.« Und er fährt fort: »Auch sind wir gegen unseren Willen zur aktiven Teilnahme an der militärischen Verteidigung und zur Fürsorge für das heftig gestörte wirtschaftliche Leben Dänemarks und Norwegens gezwungen, wodurch nennenswerte Kräfte, z. B. auch Seestreitkräfte, gebunden und anderweitigen Aufgaben entzogen werden.«

Die eigentliche Bedeutung des norwegischen Krieges liegt indes auf anderem Gebiete. Die englische Niederlage in Norwegen war unverkennbar notwendig, damit die Engländer den Ernst der Lage und die Gefährlichkeit des Gegners richtig einschätzen lernten. Norwegen bedeutete einen Wendepunkt in der englischen Kriegsführung; dies kam in einem Regierungswechsel zum Ausdruck. Chamberlain wurde von Winston Churchill abgelöst. Dank dieser inneren Umgruppierung der Kräfte kam es zu dem, was für viele die große Überraschung dieses Weltkrieges war: der erstaunlichen Tatsache, dass England den Kampf nicht aufgab, obwohl Dänemark, Norwegen, Holland, Belgien und fast ganz Frankreich im Laufe von rund zwei Monaten besetzt worden waren.

Anmerkungen

Norwegen ist administrativ eingeteilt in 20 Ämter (»Fylker«): Akershus, Aust-Agder, Bergen, Buskerud, Finnmark, Hedmark, Hordaland, Möre, Nordland, Nord-Tröndelag, Opland, Oslo, Östfold, Rogaland, Sogn og Fjordane, Sör-Tröndelag, Telemark, Troms, Vest-Agder, Vestfold.

Daneben finden sich Landschaften, die zum Teil in älteren Zeiten politische Bedeutung hatten und oft einfach nach einer wichtigen Stadt, einem großen Tal oder einem dominierenden Gebirge bezeichnet wurden; zum Beispiel: Hardanger, Haalogaland, Valdres, Ofoten, Romsdal, Dovre, Rana.

Der Trondheim-Fjord teilt Norwegen in Süd- und Nordnorwegen. Alles, was nördlich von Narnsos liegt, gehört also zu Nordnorwegen.

Südnorwegen zerfällt seinerseits in drei große, durch geographische Gegebenheiten bedingte Gebiete Östland, Sörland und Vestland.

Östland liegt südlich des Dovremassives und östlich der Gebirge, die sich von Jotunheimen im Norden bis zu den Setesdaishöhen im Süden erstrecken. Östland wird von großen Tälern (Osterdal, Gudbrandsdal, Vaidres u. a.) durchzogen.

Sörland ist der südlichste Teil Norwegens und erstreckt sich von Kragerö oder dem Langesundsfjord im Osten bis nach Egersund im Westen.

Vestland ist das Land der großen Fjorde (u. a. Nordfjord, Sognefjord, Hardangerfjord, Boknfjord) und grenzt im Norden an das Amt Sör-Tröndelag.

Straßen und Eisenbahnen nützen so weit wie möglich die großen Talzüge aus. Historisch wohlbekannt ist der Weg im Gudbrandsdal.

Norwegen ist ein durch Täler und Fjorde gegliedertes und zerschnittenes Hochland. Die tiefen Täler verflachen sich nach Osten hin. Die Wasserscheide ist sozusagen nur am Laufe des Wassers zu erkennen. Eine allgemeine Verflachung des Landes findet sich lediglich im äußersten Norden. Die Kennzeichen aller norwegischen Flüsse sind Stromschnellen, Wasserfälle, Aufstauung zu Seen. Viele Binnenseen sind nur eine Fortsetzung der Fjorde, durch niedrige Landstreifen von ihnen getrennt. Die Wasserscheide ist im allgemeinen 75–100 km von der Westküste entfernt.

Unter Fjord versteht man in Norwegen jede Meeres- oder Seenbucht. Der Ausdruck »Fjell« wird für Gebirge schlechthin gebraucht, verwendet sich aber vor allem für die gerundeten kahlen Hochflächen innerhalb der norwegischen Berge, zum Unterschied von Bergformen, die an die Alpen erinnern.

Die militärischen Korpssammel- und Exerzierplätze liegen oft auf sandigen, karg bewachsenen Heiden oder Ebenen (Suffixmoen).

Seit 1907 sind beide Sprachen (das Riksmaal, die vom Dänischen stark beeinflusste Sprache der Städte und der Beamten, und das Landsmaal, die ursprüngliche norwegische Sprache, erhalten in abgelegeneren Gegenden) gesetzlich gleichberechtigt, so dass Norwegen zwei Sprachen besitzt. Das Landsmaal wird vor allem in Vestland und Sörland, das Riksmaal in Östland, Nordland und in den Städten gesprochen und gelehrt.

Andere Auskünfte findet der Leser in einem Konversationslexikon, im Handbuch für geographische Wissenschaft, im Baedeker und in Reiseprospekten, in denen allen auch kleinere Karten vorhanden sind. Zum richtigen Verständnis der militärischen Operationen sind indes größere Karten notwendig: ausgezeichnet ist die Skandinavien-Karte von Perthes; gute Dienste leistet auch die Karte, die anlässlich des finnisch-russischen Krieges und, in Erweiterung, beim Kriegsausbruch in Norwegen erschienen ist; im Notfall können auch eine große Europa-Karte und eine

Automobil- oder Eisenbahnkarte über Skandinavien genügen.

Besonders häufig wiederkehrende geographische Bezeichnungen:

- aa = Fluss, Bach
- aas = Hügel, Gipfel
- bekk = Bach
- by = Stadt
- bygd Dorf, Kirchspiel
- dal = Tal
- ely = Fluss
- fjell = Gebirge, Berg, Fels
- fjord = Meeresarm
- foß = Wasserfall
gaard = Hof, Gehöft
- haug = Hügel
- hay = Meer
- havn = Hafen
- hei = Heide, Hochebene
- holme = Inselchen
- kirke = Kirche
- kvam = Schlucht
- mark = Feld
- mo = Heide, Exerzierplatz
- nes = Landspitze, Landzunge
- odde Landspitze
- ö, - öy = Insel
- ör = Delta, Sandbank
- seter = Sennhütte, Sennerei
- sjö = See
- skar = Einschnitt, Kluft
- skog = Wald
- sund = See, Meerenge
- vik = Bucht

SKANDINAVIEN

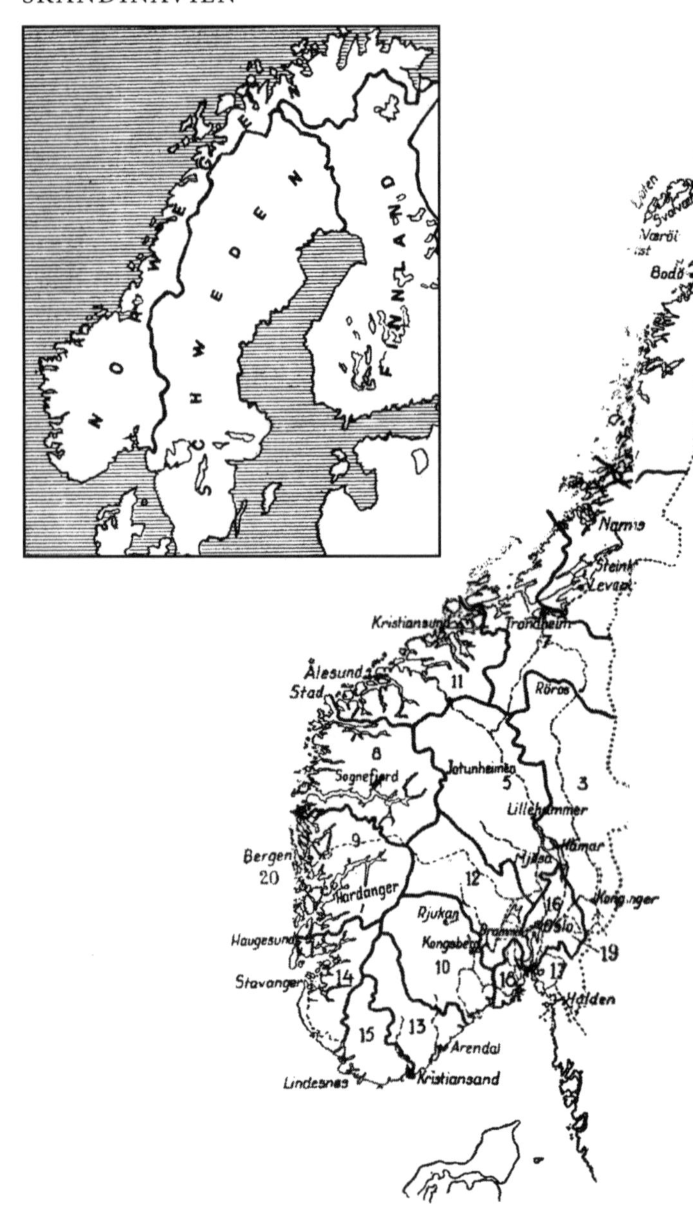

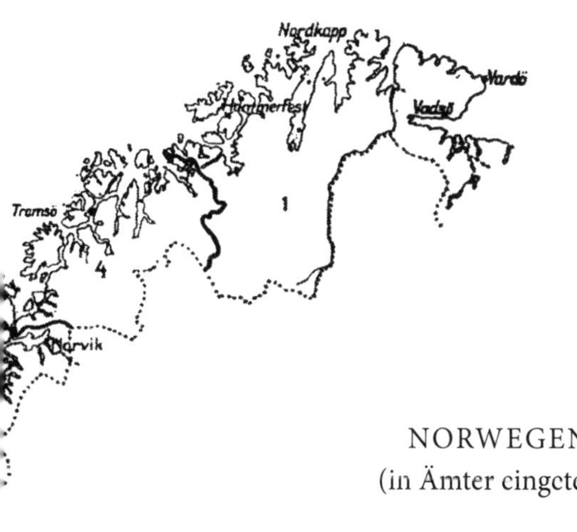

NORWEGEN
(in Ämter eingeteilt)

Flächeninhalt und Einwohnerzahl
der verschiedenen 20 Ämter

	Quadrat-Kilometer	Einwohner-zahl 1930
1. Finnmark	48 093	53 308
2. Nordland	38 121	186 920
3. Hedmark	27 507	157 942
4. Troms	26 014	97 467
5. Opland	24 876	143 073
6. Nord-Tröndelag	22 423	96 016
7. Sör-Tröndelag	18 719	174 946
8. Sogn og Fjordane	18 479	91 808
9. Hordaland	15 651	164 376
10. Telemark	15 095	127 754
11. Möre	15 035	165 064
12. Buskerud	14 787	143 073
13. Aust-Agder	9 326	73 816
14. Rogaland	9 165	173 258
15. Vest-Agder	7 211	81 233
16. Akershus	5 344	236 939
17. Østfold	4 156	167 030
18. Vestfold	2 325	134 107
19. Oslo	16,3	253 124
20. Bergen	36,0	98 303

MIX
Papier | Fördert gute Waldnutzung
FSC® C014889

Der Umwelt zuliebe
- produzieren wir zu über 90% in Deutschland
- achten wir auf kurze Transportwege
- drucken wir auf Papier aus nachhaltiger Waldwirtschaft und anderen kontrollierten Quellen

4. Auflage 2024 by Europa Verlag,
ein Imprint der Europa Verlage GmbH, München
Umschlaggestaltung:
Hauptmann & Kompanie Werbeagentur, Zürich
Layout & Satz: Robert Gigler, München
Aus dem Schwedischen übersetzt von Benedict Christ
Druck & Bindung: Pustet, Regensburg
ISBN 978-3-95890-621-1